HISTORIQUE
DE LA
GUERRE

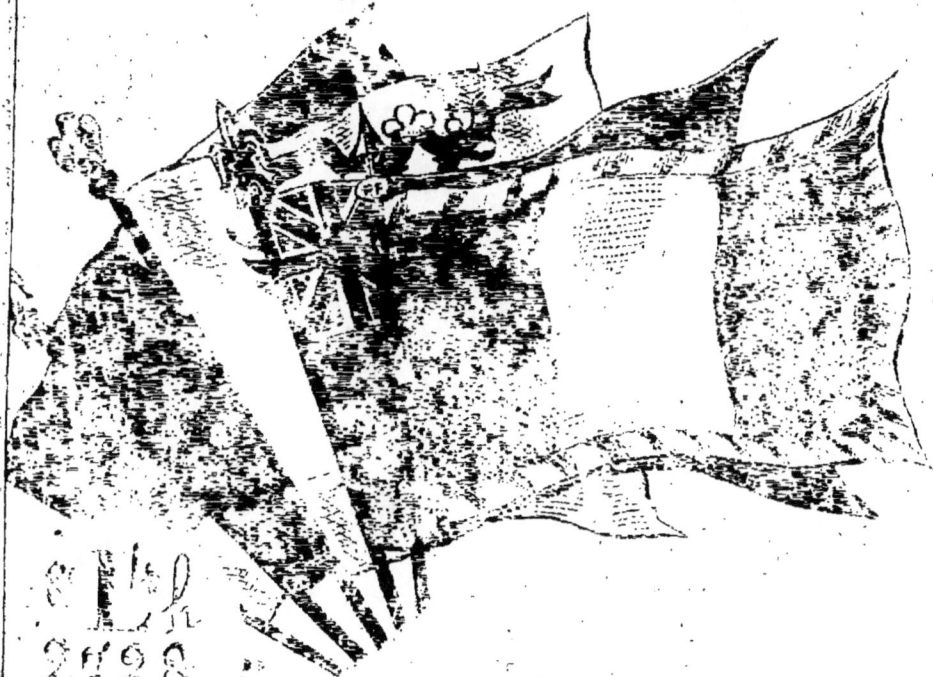

Prix :
Ch. 25

Perdix
Ancié
Juge es pais à la fléc, M
Officier de

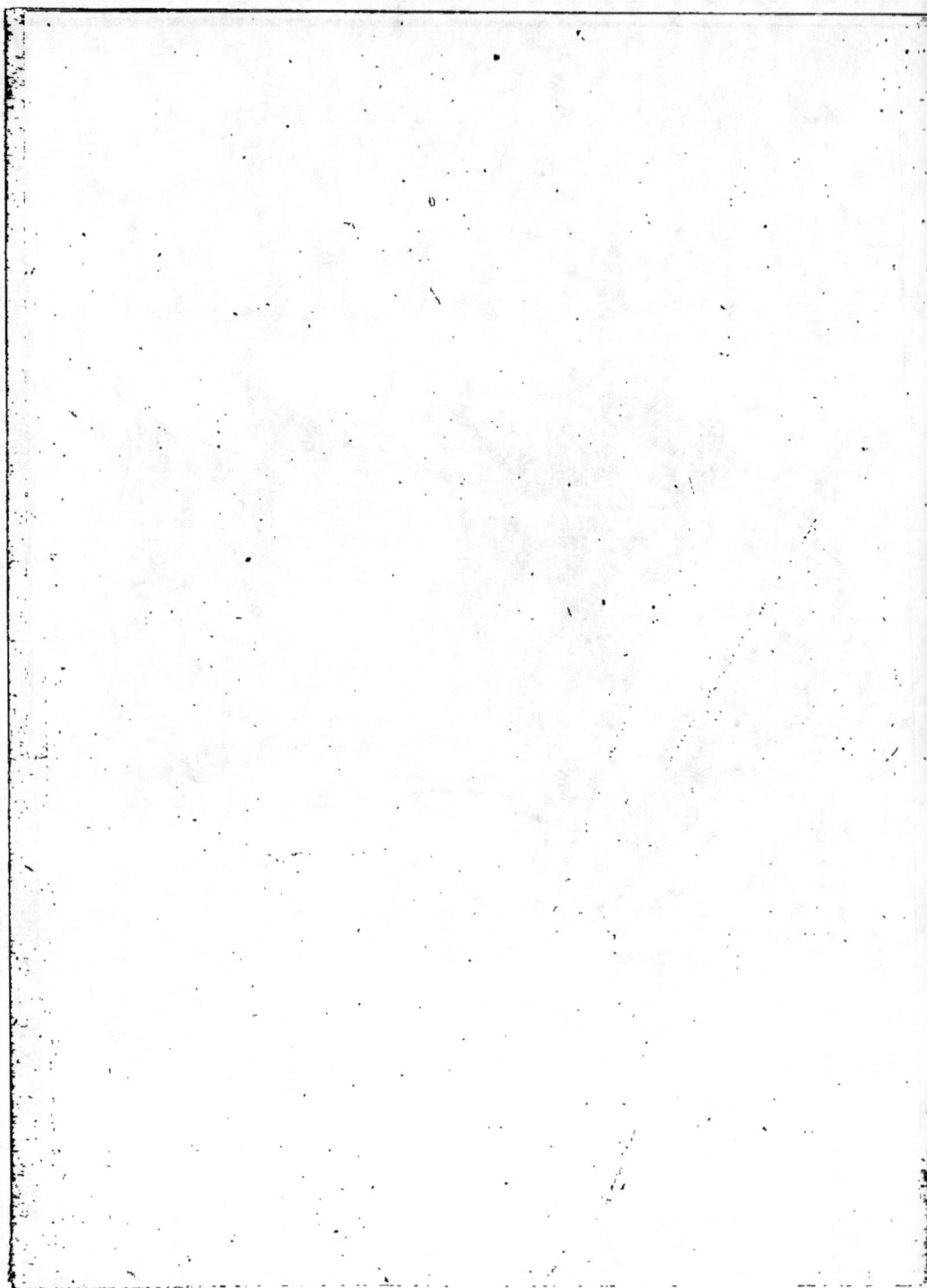

HISTORIQUE

DE

LA GUERRE

PAR

Ferdinand BAUDOUIN

Ancien Officier de réserve,
Juge de Paix à Ruffec, Maire de Couture-d'Argenson,
Officier de l'Instruction Publique.

VINGT-HUITIÈME PARTIE

Vingt-neuf avions français jettent 178 obus sur le quartier
général du Kronprinz.
Bombardement de Verdun par les Allemands.
Les Français progressent à Neuville et au Labyrinthe.
Offensive française à l'est de Tracy-le-Mont, au Moulin-sous-
Touvent.
Les Russes repoussent les Autrichiens à Koloméa.
Les Italiens s'emparent de Montfalcone.
Prise par les Français de la totalité de Neuville-Saint-Vaast.
Deux torpilleurs anglais sont coulés par un sous-marin allemand.
Les Russes rejettent les Austro-Allemands sur la rive droite du
Dniester.
Nouveaux progrès des Français au nord de Lorette et au Laby-
rinthe.
Bataille navale dans la mer Noire, le « Breslau » est avarié.
Succès des Belges aux abords de Dixmude.

NIORT

IMPRIMERIE TH. MARTIN

Rue Saint-Symphorien

—

1915

HISTORIQUE DE LA GUERRE

3 JUIN 1915

Vingt-neuf avions français jettent 178 obus sur le quartier général du Kronprinz. — Un sous-marin anglais coule un transport turc dans la mer Noire. — Les Italiens bombardent Montfalcone.

Situation des armées sur le front occidental

Chaque journée qui s'écoule est marquée par une légère avance de nos troupes dans la région au nord d'Arras. Nous enlevons peu à peu à l'ennemi les ouvrages terriblement fortifiés qu'il avait édifiés dans cette contrée. Parmi ceux-ci se classe au premier rang celui que les communiqués officiels dénomment le « Labyrinthe ». Cet ouvrage a près de 2 kilomètres de côté, il y a là des retranchements bétonnés, des canons sous coupoles, des mitrailleuses en caponnière, reliés entre eux par des boyaux de plusieurs kilomètres de long.

On ne peut avancer dans cette forteresse qu'après une longue préparation d'artillerie, l'infanterie ne peut progresser qu'autant que les ouvrages ennemis ont été préalablement bouleversés par une pluie d'obus provenant de nos canons de gros calibre.

Malgré toutes les difficultés rencontrées, nos troupes progressent quand même et dans la journée du 3 juin, après une lutte d'artillerie qui a duré toute la nuit, leur avance s'est encore accentuée. Le communiqué d'aujourd'hui nous et que depuis le 31 mai nous avons fait dans les ouvrages du Labyrinthe 800 prisonniers dont 9 officiers et une cinquantaine de sous-officiers.

On nous annonce d'Amsterdam que pour résister aux efforts des troupes françaises et anglaises entre Ypres et Arras, les Allemands ont transporté sur ce front toutes leurs troupes disponibles de Belgique et que d'autres soldats arrivent chaque jour d'Allemagne.

On ne nous communique aucun fait d'armes important sur le reste du front. Du reste les esprits sont tendus vers les opérations qui se déroulent en Artois comme ils l'étaient il y a quelques mois par celles dont la Champagne était le théâtre. On croit toujours à une offensive générale sur le front occidental, elle ne saurait maintenant se faire atten-dre. F. B.

Nouvelles diverses publiées par les journaux

— Vingt-neuf avions français ont bombardé ce matin, entre 4 et 5 heures, le quartier général du Kronprinz impérial. Ils ont lancé 178 obus dont beaucoup ont atteint le but et plusieurs milliers de fléchettes. Tous les appareils ont été fortement canonnés, mais tous sont rentrés indemnes. On ne connaît pas exactement les résultats obtenus.

— Des avions allemands ont survolé la région de Colom-bier-Fontaine. Ils ont disparu aussitôt qu'ils ont été aper-çus.

— On apprend de l'île Ameland qu'une canonnade inter-mittente a été entendue dans la mer du Nord, direction de l'ouest, le 2 et 3 juin.

En Russie. — Le communiqué officiel russe du 2 juin nous apprend que les Austro-Allemands bombardent vio-lemment Przemysl avec des pièces de gros calibres. L'atta-que principale est dirigée contre les forts 10 et 11 que les Autrichiens avaient presque complètement démolis avant la reddition de la place.

Entre Tysmenitza et Stryi, les Austro-Allemands qui avaient concentré une importante artillerie lourde et amené des renforts considérables, ont réussi, par des attaques acharnées, menées avec de grandes forces, à remporter quelques succès.

Il est de toute évidence que, si la progression de l'ennemi continue au nord et au sud de Przemysl, les Russes seront obligés d'évacuer cette ville.

En Turquie. — Les opérations continuent dans la presqu'île de Gallipoli, avec la coopération des flottes alliées.

L'amirauté anglaise communique qu'elle vient d'être informée par le vice-amiral commandant les forces aux Dardanelles que le sous-marin anglais qui opère actuellement dans la mer de Marmara a torpillé le 2 juin au matin un grand bateau de transport allemand à destination de la baie de Panderma. Les exploits de ce sous-marin jettent la panique à Constantinople.

En Italie. — Les combats sur la frontière autrichienne continuent à se développer favorablement pour les troupes italiennes.

On apprend que le ministre d'Italie a quitté le Luxembourg.

Le gouvernement italien a entamé les négociations avec l'Angleterre en vue d'établir la base de sa flotte à Malte.

Documents historiques, récits et anecdotes

COMMENT ON PREND UN BOIS! — Un caporal d'infanterie raconte comment son régiment délogea les Allemands d'un bois et put s'y maintenir malgré une furieuse contre-attaque.

L'heure de l'attaque était midi. Un bombardement intense avec le 75 a précédé l'attaque. Un bombardement épatant. Les arbres que les obus attrapaient au passage étaient pulvérisés. Les parapets des tranchées voltigeaient de tous côtés. Pour vous faire une idée du tir précis du 75, nos tranchées et la première ligne des Boches étaient à 30 mètres les unes des autres. Eh! bien, la première ligne boche a été complètement bouleversée. Le bombardement fini, on court de la tranchée en avant ! Nous arrivons à la première tranchée, nous sautons par dessus sans nous y arrêter ! Même chose pour la deuxième, et, vingt minutes après, nous étions à la troisième, que nous avions mission de prendre. C'est là que nous avons fait du beau travail à coups de grenades-calendriers puis à la baïonnette. Le combat a duré peut-être un quart d'heure, pendant lequel on a zigouillé tout ce qui n'a pu se sauver; nous avions gagné 800 mètres de terrain.

Pendant ce temps, deux compagnies occupaient les deux premières tranchées, mais ont eu bientôt fait, car elles n'ont trouvé que des morts et blessés. C'était le travail du 75. Immédiatement, nous avons retourné les tranchées, nous avons travaillé dur toute la nuit et, le matin, nous étions prêts pour des contre-attaques qui ne se sont pas fait attendre. Les Boches sont revenus de bonne heure, cette fois, en rangs serrés. Nos fusils, nos mitrailleuses, les fauchaient comme du blé, mais il y en avait trop! Ils sont arrivés tout près de la tranchée. Alors on laisse les fusils, et allez donc! à coups de grenades! C'est ce qui nous a sauvés. Ils n'ont pas pu prendre pied chez nous. Alors ils font demi-tour et les voilà partis! La danse des mitrailleuses continue, puis, tout à coup, boum! boum! le 75 se met de la partie. C'était terrible; j'étais comme fou de voir sauter bras et jambes en l'air.

Dans cette affaire les Boches ont laissé plus de 2.000 morts sur le terrain et les blessés ne se comptaient pas. Malgré tout, nous avons conservé le terrain gagné. Mon régiment a été relevé et nous nous reposons. Nous avons été cités à l'ordre du jour et le général Joffre est venu nous passer en revue.

Dépêches officielles
Premier Communiqué

Dans la région au nord d'Arras, la lutte d'artillerie s'est ursuivie pendant la nuit, quelques actions d'infanterie s violentes se sont déroulées à l'est de Notre-Dame-de-rette où les positions n'ont pas été modifiées de part ni autre, et dans la région du « Labyrinthe » où nous avons alisé quelques progrès.

Le nombre total des prisonniers faits depuis le 31 mai ans le « Labyrinthe » est de huit cents, dont neuf offi- ers et une cinquantaine de sous-officiers. Nous y avons alement pris deux mitrailleuses.

Sur le reste du front, rien n'a été signalé.

Deuxième Communiqué

Rien à signaler, si ce n'est une nouvelle progression de s troupes dans le « Labyrinthe » au sud-est de Neuville-Saint-Vaast.

4 JUIN 1915

es Français s'emparent du Cabaret rouge au sud de Souchez. — Bombardement de Verdun par les Allemands. — Une bataille est engagée à Tolmino entre Italiens et Austro-Allemands. — Evacuation de Przemysl par les Russes. — Le mouilleur de mines français « Casabianca » coule dans la mer Egée.

Situation des armées sur le front occidental

Les communiqués du 4 juin signalent nos nouveaux pro- ès en Artois, notamment à l'est de la sucrerie de Souchez dans la direction du village de Souchez.

Une contre-attaque allemande a été enrayée à Neuville-Saint-Vaast et nous avons avancé d'une centaine de mètres dans le Labyrinthe, au sud-est de Neuville. Nous grignotons peu à peu cette formidable position allemande du Labyrinthe et lorsqu'elle sera complètement en notre possession la route de Lens sera virtuellement ouverte.

Du 9 mai au 1er juin nous avons eu dans les combats au nord d'Arras 3.200 hommes hors de combat, tués, blessés ou disparus et il y a tout lieu de croire que les pertes allemandes s'élèvent à plus de 10.000 hommes puisque nous avons enterré 2.600 cadavres allemands et fait 3.100 prisonniers, ce qui fait un total de 5.700 hommes, il faut ajouter à ce chiffre les blessés que les Allemands ont pu évacuer en arrière de la ligne de combat et qui sont assurément très nombreux, d'où un total approximatif minimum de 10.000 hommes hors de combat.

La lutte continue à être très vive et très meurtrière dans le secteur au nord d'Arras et nos zouaves, qui sont venus renforcer nos troupes d'infanterie de ligne, ont devant eux des troupes d'élite composées de Bavarois et de Prussiens. Si l'attaque est vigoureuse, la résistance ne laisse rien à désirer et nous ne progressons que grâce à l'intrépidité de nos soldats et au feu terrible de notre artillerie. La cavalerie joue aussi un certain rôle, elle est employée à couper et cerner les détachements isolés de l'ennemi.

Dans la journée du 4 juin, une pièce d'artillerie lourde allemande a envoyé quelques obus sur Verdun. Cette pièce a été aussitôt repérée et prise sous le feu de notre artillerie.

Comme riposte, nous avons à nouveau bombardé les forts du front sud du camp retranché de Metz.

F. B.

Nouvelles diverses publiées par les journaux

— On annonce que l'aviateur suisse Blancpain, engagé au service de la France, a été tué au cours d'une reconnaissance à Fresnoy, au nord-est d'Arras, ainsi que le sergent Thauron son observateur.

— Le vapeur français *Penfeld* allant de Nantes à Cardiff a été torpillé le 3 juin dans la Manche par un sous-marin allemand.

— Deux chalutiers anglais, l'*Hirose* et le *Victoria*, ont été coulés le 2 juin sans avertissement préalable.

— Le vapeur suédois *Laplaud-Novik* a été coulé le 3 juin, au large de Péterhéad, par un sous-marin allemand.

— Le vapeur norvégien *Cubano* a également été coulé en vue de l'île Lewis.

— On apprend de Lisbonne que le paquebot *Demarara* faisant le voyage de Liverpool à Lisbonne a canonné le périscope d'un sous-marin qui le poursuivait. Le sous-marin disparut et une tache d'huile fut aperçue à la surface de la mer. On croit que le sous-marin a été coulé.

En Russie. — Un télégramme de Pétrograd fait connaître que le 3 juin Przemysl est tombé aux mains des Austro-Allemands. Les Russes n'ont pas prolongé une résistance inutile pour conserver cette ville. Ils ont procédé à l'enlèvement du matériel pris aux Autrichiens et ce transport achevé ils ont évacué les fronts nord et ouest des positions entourant Przemysl et ont opéré à l'est une concentration plus resserrée.

On annonce également de bonne source que les troupes russes qui opèrent au sud de Libau ont coupé les communications allemandes entre Libau et Mémel.

En Turquie. — De sanglants combats se déroulent autour de Krithias. Les Turcs ont paraît-il éprouvé des pertes considérables évaluées à 8.000 hommes.

Les Turcs commencent à craindre une intervention bulgare et ils élèvent des fortifications à Tchataldja.

En Italie. — Un violent combat se livre sur l'Isonzo. L'offensive italienne sur Tolmino s'est heurtée à des retranchements formidables occupés par de nombreuses forces autrichiennes avec des mitrailleuses et de l'artillerie.

Pendant la journée du 3 juin la bataille engagée n'a donné aucun résultat et le sommet du Montenara est toujours entre les mains des Italiens.

On apprend que le général Conrad von Hœtzendorf commande l'armée autrichienne du Frioul et le général Danki celle du Tyrol.

Documents historiques, récits et anecdotes

ODYSSÉE D'UN PETIT BRAVE. — En août dernier, lors de l'invasion de son pays par les Allemands, le jeune Émile Bigaret, âgé de seize ans, demeurant à Valet-Châtillon (Meurthe-et-Moselle), laissa partir sa famille et se cacha dans la cave de sa maison.

Après bien des péripéties il put gagner Baccarat et suivit le 7e bataillon de chasseurs alpins. Dans une charge à la baïonnette le petit héros reçut une balle au front et un éclat d'obus lui fit une blessure au genou. Il fut ramené à l'arrière pour être soigné dans une ambulance parisienne et, sitôt guéri, n'eut plus qu'un désir: retourner au front.

Il s'embarqua dans un train militaire jusque près d'Arras mais la prévôté ne lui permit point d'aller plus loin. On le renvoya en gare de Pantin d'où M. Gardet, commissaire de police, l'a dirigé sur la permanence de la préfecture où l'on décidera du sort du petit brave.

Dépêches officielles

Premier Communiqué

A l'est de la sucrerie de Souchez, nos troupes, progressant vers le village de Souchez, ont enlevé un cabaret isolé que l'ennemi avait organisé, fait une cinquantaine de prisonniers et pris trois mitrailleuses. Elles ont, d'autre part, réalisé de nouveaux progrès dans le « Labyrinthe ».

Sur le reste du front, combats d'artillerie.

Deuxième Communiqué

Dans la région au nord d'Arras, la lutte se poursuit et nos attaques progressent.

Au nord de la sucrerie de Souchez, nous nous sommes emparés d'une tranchée ennemie et nous y avons fait une trentaine de prisonniers.

Dans Neuville-Saint-Vaast, une tentative de contre-attaque allemande a été enrayée à coups de grenades.

Dans le « Labyrinthe », sud de Neuville, nous avons encore gagné une centaine de mètres.

L'ennemi, avec une pièce tirant à longue portée et visant Verdun, a lancé quelques obus qui n'ont pas atteint leur objectif.

Nous avons de notre côté bombardé le front sud du camp retranché de Metz.

Les Allemands ont aussi envoyé sur Saint-Dié quelques projectiles qui n'ont causé ni pertes, ni dégâts matériels.

---

5 JUIN 1915

Les Français progressent à Neuville et au Labyrinthe. — Des zeppelins jettent des bombes sur les côtes anglaises.

Situation des armées sur le front occidental

Des actions locales, qui sont autant de combats acharnés, se livrent depuis quelques jours dans les Flandres. Le maréchal French communique que depuis la prise des dépendances du château Hooge, situé à 6 kilomètres à l'est d'Ypres, les Allemands n'ont pas cessé de bombarder les

nouvelles positions anglaises. Après avoir été obligées d'év
cuer ces dépendances, les troupes britanniques les ont réo
cupées le 4 juin au soir.

Au nord-est de Givenchy, elles ont chassé, ce même so
les Allemands de leurs tranchées, mais dans la matinée
5 juin elles les ont évacuées, le feu de l'ennemi les aya
empêchées de s'y maintenir.

Les Allemands manifestent une grande activité autour
Dixmude mais les Belges empêchent tout mouvement offe
sif.

Dans le secteur au nord d'Arras, les troupes français
ont repoussé, dans la nuit du 4 au 5 juin, trois violent
contre-attaques allemandes dirigées contre la sucrerie
Souchez, l'ennemi a subi des pertes énormes.

Les communiqués d'aujourd'hui nous apprennent qu
nous avons enlevé un poste allemand au nord-ouest
Cabaret-Rouge, par conséquent au sud de Souchez. Not
avons également réalisé une sérieuse avance dans Neuvill
Saint-Vaast, nous possédons maintenant les deux tiers
cette localité.

Dans le Labyrinthe, au sud-est de Neuville, nous cont
nuons à progresser dans la partie nord et vers le centre
cette position fortifiée. La lutte se poursuit sans arrêt et l
combats d'artillerie ne le cèdent en rien aux attaques d'in
fanterie.

Sur tout le reste du front, rien d'important n'est signal
les quelques actions locales qui s'y déroulent n'ont, pour
moment, qu'une importance secondaire. L'artillerie lourd
joue un très grand rôle, elle prépare notre offensive futur
sur les points importants où elle se déroulera quelque jour

F. B.

Nouvelles diverses publiées par les journaux

— M. Camille Pelletan, sénateur, ancien ministre de la marine est décédé le 5 juin, à Paris, des suites d'une affection cardiaque.

— Un avion allemand a survolé Calais aujourd'hui vers midi, il a lancé quelques bombes qui ont occasionné quelques dégâts matériels et tué une personne.

— On apprend de Londres que plusieurs vapeurs et chalutiers anglais ont été coulés par des sous-marins allemands depuis deux jours. Le paquebot *Iona* et le chalutier *Chrysoparus*, le 3 juin, dans le voisinage de Fair-Isle. Le vapeur *Inkum* au sud-ouest du cap Lizard. Les chalutiers *Enamay* et *Strathbran* dans la mer du Nord. Les bateaux de pêche *Kathléen*, *Evening-Star* et *Cortés*, au large d'Orkney.

— Le chalutier belge *Delta* a été coulé le 2 juin au large de Bishop-Rock.

— Les journaux signalent une belle famille française, Bernard-Guichard, de Saint-Germain-du-Bois, arrondissement de Louhans qui, sur 19 enfants, en a 17 de mobilisés, fils et gendres, tous sur le front, les deux autres vont partir incessamment.

En Russie. — La bataille continue, toujours violente sur la rive droite du San, en Galicie. L'armée russe prend l'offensive sur certaines parties du front et résiste énergiquement sur d'autres.

L'évacuation de Przemysl ne porte aucune atteinte à la force de résistance des armées russes, ces armées vont combattre sur une nouvelle ligne de bataille qui rendra leur contre-offensive plus coordonnée.

En Turquie. — Un télégramme d'Athènes annonce que l'assaut général des positions turques dans la presqu'île de Gallipoli a commencé dans la matinée d'hier.

Il résulte de renseignements sérieux que les forces turques chargées de défendre les Dardanelles et le Bosphore s'élèvent à 275.000 hommes appartenant à six corps d'armée.

En Italie. — Les troupes italiennes continuent à avancer dans le Tyrol méridional. Les Autrichiens font évacuer certaines localités par la population civile. On annonce également que de violents combats sont engagés à Goritz, à 32 kilomètres au nord-ouest de Trieste.

La République de San-Marin située en territoire italien à quelques kilomètres de Rimini, sur une montagne qui domine l'Adriatique, a déclaré approuver l'attitude de l'Italie envers l'Autriche et proclamé l'état de guerre.

Documents historiques, récits et anecdotes

LA VINGT-UNIÈME DÉCLARATION DE GUERRE. — Voici la liste des vingt et une déclarations de guerre:

28 juillet 1914: de l'Autriche à la Serbie.

1er août: de l'Allemagne à la Russie.

2 août: de l'Allemagne à la France.

3 août: de l'Allemagne à la Belgique.

4 août: de l'Angleterre à l'Allemagne.

5 août: de l'Autriche-Hongrie à la Russie.

5 août: du Monténégro à l'Autriche.

6 août: de la Serbie à l'Allemagne.

11 août: du Monténégro à l'Allemagne.

11 août: de la France à l'Autriche-Hongrie.

13 août: de l'Angleterre à l'Autriche-Hongrie.

23 août: du Japon à l'Allemagne.

25 août: de l'Autriche au Japon.

28 août: de l'Autriche à la Belgique.

2 novembre: de la Russie à la Turquie.

5 novembre: de la France à la Turquie.

5 novembre: de l'Angleterre à la Turquie.

7 novembre: de la Belgique à la Turquie.

7 novembre de la Serbie à la Turquie.

24 mai 1915: de l'Italie à l'Autriche-Hongrie.

5 juin 1915: de la République de San-Marin à l'Autriche-Hongrie.

A cette liste manque la déclaration de guerre du Monténégro à la Turquie. Ces deux Etats sont, de fait, en guerre, mais ont négligé de se le faire savoir.

Dépêches officielles

Premier Communiqué

L'ennemi a prononcé dans la nuit trois violentes contre-attaques contre la sucrerie de Souchez et les tranchées au nord et au sud. Il a été repoussé et a subi, surtout dans sa première tentative, de grosses pertes. Nous restons maîtres de la totalité des positions conquises.

Cette nuit également, nous avons enlevé un poste allemand au nord-ouest du Cabaret-Rouge (un kilomètre sud de Souchez).

L'activité de l'artillerie a été grande dans tout le secteur au nord d'Arras.

Sur le reste du front, rien de nouveau.

Deuxième Communiqué

Dans le secteur au nord d'Arras, nous avons réalisé un sérieux progrès à l'intérieur de Neuville; nous tenons maintenant plus de la moitié de la corne nord et toute la partie est, c'est-à-dire plus des deux tiers du village.

Nous avons également gagné 450 mètres dans la partie nord du « Labyrinthe » et légèrement progressé au centre de cet ouvrage, où la lutte se poursuit sans arrêt.

Sur tout le front du secteur, le combat d'artillerie, notamment à Lorette, à Neuville et au « Labyrinthe », a été d'une extrême violence.

La pièce allemande qui a tiré hier soir sur Verdun a été repérée dès ce matin et prise sous notre feu. Nous avons pu constater les effets de notre tir, qui a endommagé le béton de la plate-forme et fait sauter un dépôt de munitions.

6 JUIN 1915

Offensive française à l'est de Tracy-le-Mont, au Moulin-sous-Touvent. — Prise de Groblek en Galicie par les Austro-Allemands. — Les Italiens bombardent Montfalcone.

Situation des armées sur le front occidental

La bataille paraît engagée à nouveau autour d'Ypres, les alliés tiennent bon malgré les efforts allemands et les troupes fraîches que l'ennemi a amenées sur cette partie du front.

Une forte offensive allemande contre toutes les positions que nous avons conquises au nord d'Arras s'est produite dans la nuit du 5 au 6 juin et dans la soirée précédente. Nous avons eu à subir, seulement sur les pentes est de Notre-Dame-de-Lorette, cinq contre-attaques allemandes précédées d'un violent bombardement. Toutes les attaques ont été repoussées et notre artillerie a répondu efficacement.

Après avoir résisté aux contre-attaques allemandes nous avons continué à progresser sur les trois points les plus importants de la ligne de bataille dans cette région. Autour de Souchez, nous avons enlevé quelques tranchées allemandes entre les routes d'Aix-Noulette et d'Ablain à Souchez et au fond de Buval. A Neuville-Saint-Vaast nous avons pris quelques maisons, au Labyrinthe nous avons progressé au centre et au sud de cette importante position dont il ne reste plus qu'un tiers à l'ennemi.

Dans la journée du 6 juin, nous avons pris une vigoureuse offensive au nord de l'Aisne dans la région de Tracy-le-Mont. Par une brusque attaque, précédée d'un violent bombardement nous avons refoulé l'ennemi de ses deux premières lignes de tranchées, sur un front d'un kilomètre, faisant 200 prisonniers et capturant 3 canons de 77. Les Allemands ont contre-attaqué violemment à trois fois consécutives mais nous avons conservé le terrain conquis. Comme il nous était impossible d'emmener les trois pièces d'artillerie nous les avons détruites à la mélinite.

Près de Beauséjour, en Champagne, nous avons fait exploser une mine et nous avons occupé les entonnoirs.

F. B.

Nouvelles diverses publiées par les journaux

— Le chalutier anglais *Persimmon* a été coulé par un sous-marin allemand au nord-est de Buchanness. Le vapeur anglais *Dulwich-Head* a également été torpillé et coulé par un sous-marin allemand.

— On apprend de San-Francisco que l'inauguration du pavillon français de l'Exposition a eu lieu avec un grand succès. L'opinion générale est que l'exposition française est la plus belle de toutes, les objets exposés sont splendides.

— On annonce de Montréal que le Canada va fournir aux alliés un explosif puissant. Une usine en fabrique en ce moment de grandes quantités.

— L'agence allemande « Wolff » annonce que plusieurs soldats ont été tués par les bombes lancées il y a quelques jours par les aviateurs alliés sur le quartier général du Kronprinz.

— Le célèbre boxeur Carpentier, depuis longtemps élève pilote dans une école d'aviation du camp retranché de Paris, vient de passer avec succès son brevet de pilote militaire.

En Russie. — Dans la région de Riga et de Chawli on ne signale aucun changement important. En Galicie, sur la rive gauche du San, les Russes se sont emparés de Groblech.

Près de Przemysl, les Austro-Allemands poursuivent leur

offensive dans la direction de Moscish. Près de Strij, les Russes repoussent toutes les attaques, il en est de même sur le Dniester et sur le Pruth.

En Turquie. — Les combats très violents continuent dans la presqu'île de Gallipoli. Les troupes alliées ont progressé sur un front de 5 kilomètres, les pertes de l'ennemi sont très élevées.

Dans la mer Egée, des torpilleurs et des contre-torpilleurs anglo-français recherchent les sous-marins allemands afin de les détruire.

En Italie. — L'armée italienne achève sa concentration dans des conditions excellentes. Une grande bataille paraît engagée pour la possession de Tolmino. Les Autrichiens y ont concentré une grande quantité d'artillerie et s'y sont fortifiés d'une façon formidable. La lutte est très intense mais les Italiens ont reçu des renforts et tout fait supposer qu'ils triompheront de la résistance des Autrichiens.

Documents historiques, récits et anecdotes

Où des buffles jouent un rôle imprévu. — Les troupes italiennes, dans l'attaque contre les retranchements autrichiens du mont Corada, se sont servis d'un nouveau moyen pour se livrer passage. Elles ont employé les buffles sauvages de la campagne romaine. La garnison autrichienne qui s'était retirée dans le fort situé au sommet de la montagne avait barré les côtés et les passages par de hauts réseaux de fil de fer ainsi que par des mines. L'occupation de la montagne ne présentait pas trop de difficultés, seulement il fallait traverser les réseaux. Les canons du fort pouvaient bombarder les collines environnantes, mais ils étaient impuissants contre des soldats rampant dans l'herbe sur les côtés. A un certain moment, une cinquantaine de buffles furent lancés en avant vers les réseaux de fils de fer. Des bombes éclatant à peu de distance suffirent à épouvanter les animaux, qui avec leurs cornes et leurs pieds brisèrent

l'enchevêtrement métallique. En un quart d'heure, le terrain fut balayé de tout obstacle, et les soldats italiens purent marcher sûrement vers le sommet. L'irruption des buffles et l'arrivée soudaine des assaillants enlevèrent à la garnison du fort toute idée de résistance. Elle se rendit après un très court combat.

Dépêches officielles

Premier Communiqué

Dans la région au nord d'Arras, au cours de la soirée et de la nuit, l'ennemi a prononcé un très violent effort pour reprendre les positions qu'il a perdues ces derniers jours.

Tout le secteur d'Ablain à Neuville et particulièrement la sucrerie de Souchez a subi un bombardement presque continu auquel notre artillerie a énergiquement riposté. Cinq contre-attaques allemandes ont été lancées sur les pentes est de la Chapelle de Lorette. Les contre-attaques ont été incessantes dans le bois à l'est de la route d'Aix-Noulette-Souchez.

L'offensive allemande a été partout brisée et nous avons maintenu toutes nos positions en infligeant à l'ennemi de lourdes pertes.

Entre la route Aix-Noulette-Souchez et la route Ablain-Souchez, nous nous sommes emparés de plusieurs tranchées ennemies et nous y avons fait une trentaine de prisonniers.

Deuxième Communiqué

Dans le secteur au nord d'Arras, la lutte s'est poursuivie avec une extrême activité à notre avantage.

Nous avons prononcé plusieurs attaques heureuses des deux côtés de la route Aix-Noulette-Souchez et gagné du terrain dans les bois à l'est de cette route et au sud, dans la région du fond de Buval.

A Neuville-Saint-Vaast, nos progrès ont continué à l'intérieur du village (partie nord) ; nous avons conquis plusieurs maisons; nous avons en même temps resserré l'investissement du réduit ennemi dans l'îlot nord-ouest de la localité et occupé le boyau qui y conduit.

Nous avons conquis de nouvelles tranchées au centre et au sud du « Labyrinthe » et progressé de 100 mètres. La lutte se poursuit sans interruption depuis huit jours dans ce gros ouvrage, dont nous tenons maintenant les deux tiers.

Au nord de l'Aisne, à l'est de Tracy-le-Mont, sur les hauteurs voisines de Moulin-sous-Touvent, nous avons prononcé une attaque qui a réalisé des gains sérieux. Après un bombardement très efficace, nous avons, sur un front d'un kilomètre, enlevé d'un seul bon deux lignes successives de tranchées et plusieurs ouvrages ennemis. Trois contre-attaques violentes ont été repoussées par nos troupes, qui ont fait plus de 200 prisonniers et pris 3 canons de 77.

En Champagne, près de Beauséjour, nous avons progressé à la mine.

Sur les Hauts-de-Meuse et dans les Vosges, combats d'artillerie.

7 JUIN 1915

Offensive française dans la région d'Hébuterne. — Un aviateur anglais abat un zeppelin entre Gand et Bruxelles. — Un zeppelin survole la côte orientale de l'Angleterre. — Les Russes repoussent les Autrichiens à Koloméa.

Situation des armées sur le front occidental

Les Allemands montrent une très grande activité dans le secteur au nord d'Arras. Leurs attaques se succèdent à de courts intervalles contre toutes nos positions. La lutte d'artillerie est formidable et de part et d'autre les projectiles ne sont pas épargnés.

Pendant la nuit du 6 juin, nous avons repoussé une attaque importante contre la sucrerie de Souchez et une autre attaque contre la partie nord du Labyrinthe.

La bataille s'est continuée très violente pendant la journée du 7 juin et nous avons refoulé l'ennemi sur plusieurs points malgré ses efforts désespérés pour se maintenir sur ses positions. Nous avons progressé à l'est de la Chapelle de Notre-Dame-de-Lorette et au Labyrinthe, nous avons atteint sur deux points le centre de la forteresse. Plusieurs contre-attaques ont été repoussées.

Les communiqués du 7 juin nous apprennent que nous avons pris une offensive sérieuse sur un autre point du front, dans la région au nord d'Albert. Cette offensive s'est produite sur un front de douze cents mètres, à hauteur de la ferme Touvent et nous avons enlevé deux lignes de tranchées ennemies. Cette ferme est située au sud-est d'Hébuterne, à environ 14 kilomètres au nord d'Albert. Dans cette région les tranchées allemandes ne sont pas à plus de

5 mètres des nôtres et la lutte est très difficile. Notre attaque a cependant bien réussi et nous avons fait des prisonniers.

Au nord de l'Aisne, près le Moulin-sous-Touvent, les Allemands ont contre-attaqué pendant la nuit du 6 juin et la journée du 7, avec des forces amenées en automobiles d'une distance de 80 kilomètres. Ils se sont battus furieusement mais ils ont été complètement repoussés laissant plus de 2.000 morts sur le terrain. Nous avons fait 250 prisonniers et nous avons pris et détruit plusieurs mitrailleuses.

Entre Soissons et Reims nous avons attaqué l'ennemi sur plusieurs points. A Vauquois nous avons fait usage de liquide enflammé.

F. B.

Nouvelles diverses publiées par les journaux

— Un télégramme de Londres annonce que le lieutenant aviateur anglais Warneford a attaqué un zeppelin en plein vol, ce matin, 7 juin, entre Gand et Bruxelles. De 2.000 mètres de hauteur, il jeta six bombes sur le dirigeable qui explosa, prit feu et tomba à terre. Le pilote dut atterrir en territoire ennemi mais il repartit et rentra indemne à l'aérodrome.

— Deux autres aviateurs anglais ont jeté des bombes sur le hangar à dirigeables de Evere, près Bruxelles. Le feu a pris au hangar et un dirigeable a été détruit.

— Des avions allemands ont essayé de survoler Belfort et Remiremont, mais ils ont été chassés sans avoir pu jeter de bombes.

— Les chalutiers anglais *Fazehound*, *Curlew*, *Dogberry*, *Bardolph*, *Star-of-West* et *Dromio* ont été coulés par des sous-marins allemands.

— La barque anglaise *Sunlight* a été coulée le 6 juin par un sous-marin allemand au large de la côte irlandaise.

— Un biplan anglais a atterri le 6 juin, à Axel, en Hollande par suite d'une panne de moteur. Les deux officiers qui le montaient ont été internés.

— Le ministre de la guerre, M. Millerand, est rentré aujourd'hui à Paris, de retour du front. Il a visité plusieurs quartiers généraux et en rentrant à Paris, il est passé par Verdun.

En Russie. — De violents combats se poursuivent en Galicie. Les Austro-Allemands continuent à attaquer sans succès à l'est de Przemysl. Sur le Dniester l'ennemi a réussi, dans la nuit du 5 au 6 juin, à passer ce fleuve avec quelques effectifs.

Un engagement naval a eu lieu ces derniers jours dans la Baltique, près de l'entrée du golfe de Riga. Plusieurs transports allemands ont été coulés, un navire auxiliaire russe a sombré.

En Turquie. — On apprend de Constantinople qu'une flottille de sous-marins allemands a défilé devant le palais impérial de Dolma-Bagtché.

L'amirauté française communique officiellement que le mouilleur de mines *Casablanca* a heurté, dans la nuit du 3 au 4 juin, une mine à l'entrée d'une baie de la mer Egée. Une grande partie de l'équipage a été recueillie par un destroyer anglais.

En Italie. — Les Italiens continuent leur offensive. Ils resserrent Monfalcone. Un de leurs dirigeables a jeté plusieurs bombes sur Pola.

Documents historiques, récits et anecdotes

COMMENT FUT DÉTRUIT LE ZEPPELIN DE GAND. — Le lieutenant aviateur anglais Warneford, qui détruisit un zeppelin à coups de bombes, a fait le récit suivant de cet acte audacieux:

Une escadrille formée des lieutenants aviateurs J.-P. Wilson, J.-S. Mill, et du sous-lieutenant Warneford, avait

quitté le camp anglais d'aviation dans la nuit de dimanche
à lundi dernier, et avait pris la direction de la Belgique.

Un peu avant trois heures du matin, les trois aviateurs se
trouvaient au-dessus du hangar d'Evéré, près de Bruxelles,
où ils laissèrent tomber une quinzaine de bombes.

Tandis que les lieutenants Wilson et Mill reprenaient le
chemin de leur camp, le sous-lieutenant Warneford décida
de poursuivre sa reconnaissance. Le petit jour à ce moment
commençait à blanchir l'horizon. Tout à coup, l'aviateur
anglais remarqua dans la direction de Gand la forme allon-
gée d'un zeppelin.

Il décida d'aller l'attaquer. Ayant pris le plus de hauteur
possible, il se trouva bientôt dans la perpendiculaire du
navire aérien. Seulement alors, il se laissa descendre et
arriva ainsi à une trentaine de mètres au-dessus du zeppelin. Coup sur coup, il lâcha six bombes. Une explosion
formidable ébranla l'air, retourna complètement l'avion du
sous-lieutenant Warneford qui accomplit à son insu un
superbe looping puis, avec une admirable présence d'esprit,
réussit néanmoins à redresser son appareil et à remonter.

Mais un peu plus loin, à la suite de la secousse subie, il
dut atterrir dans les lignes mêmes de l'ennemi. Un des réser-
voirs de l'appareil était troué. Sans perdre son sang-froid,
l'officier transvasa l'essence qui s'en échappait dans un
second réservoir, puis mit en route. A ce moment, des soldats allemands qui l'avaient aperçu accouraient dans sa
direction et tiraient. C'est au milieu du sifflement des balles
que l'aviateur anglais s'éleva de nouveau et prit la direction
du cap Gris-Nez, où il devait atterrir.

En passant au-dessus de l'endroit où il avait abattu le zeppelin, il put constater que celui-ci, gisant sur une toiture,
était complètement détruit. Etant donnée la hauteur de sa
chute, les vingt-huit hommes qui le montaient avaient dû
être tués sur le coup.

Dépêches officielles

Premier Communiqué

Dans le secteur au nord d'Arras, la nuit a été marquée par un combat d'artillerie d'une extrême intensité notamment dans la région de Lorette, d'Ablain, du Cabaret-Rouge (près Souchez), du « Labyrinthe » et d'Ecurie. L'ennemi a, dans ce même secteur, prononcé deux contre-attaques qui ont complètement échoué. L'une sur la sucrerie de Souchez, qui a été arrêtée par notre artillerie, l'autre dans la partie nord du « Labyrinthe », qui a été refoulée par notre infanterie.

De notre côté, nous avons réalisé des progrès nouveaux. Nous avons, en particulier, gagné du terrain à un kilomètre est de la Chapelle de Lorette et conquis dans le « Labyrinthe » une centaine de mètres dans la partie centrale de l'ouvrage.

Ce matin, à cinq heures, nous avons attaqué, près d'Hébuterne, les positions de l'ennemi, dans les environs de la ferme Touvent. Nous avons enlevé, sur un front de 1.200 mètres, deux lignes successives de tranchées, fait des prisonniers et pris des mitrailleuses.

Au nord de l'Aisne, près de Moulin-sous-Touvent, les contre-attaques ennemies signalées hier se sont poursuivies toute la nuit. Nous avons, dans des combats très chauds, maintenu nos gains et conservé, sur ce front de un kilomètre environ, les deux lignes de tranchées enlevées dans la journée à l'ennemi.

La tentative de bombardement de Verdun, signalée avant-hier, ne s'est plus renouvelée.

Sur le reste du front, rien à signaler.

Deuxième Communiqué

Dans le secteur au nord d'Arras, le combat continue très violent et nos progrès se poursuivent.

La lutte d'artillerie a été toute la journée ininterrompue et violente au fond de Buval, à Ablain, à Souchez, à Neuville et à Ecurie.

A Neuville, nous poursuivons l'investissement de l'ennemi dans l'îlot ouest.

Au « Labyrinthe », nous avons dirigé sur le milieu de l'ouvrage des attaques convergentes qui ont progressé; nous atteignons en deux points le réduit central de la position; plusieurs contre-attaques se sont produites, elles ont toutes été repoussées.

Notre attaque au sud-est d'Hébuterne a complètement réussi; nous avons enlevé d'assaut les deux lignes ennemies et la ferme de Touvent en faisant 400 prisonniers non blessés, dont sept officiers, et en prenant des mitrailleuses, dont le nombre n'a pu encore être établi; plusieurs centaines de cadavres ennemis sont sur le terrain, une seule contre-attaque allemande s'est produite; elle a été immédiatement arrêtée.

Au nord de l'Aisne, l'ennemi a multiplié des efforts désespérés pour reprendre les deux lignes de tranchées que nous lui avons enlevées hier. Après avoir amené des renforts en automobiles d'une distance de 80 kilomètres, il a contre-attaqué furieusement et a été complètement repoussé. 2.000 morts allemands sont sur le terrain. Nous avons fait 250 prisonniers, dont un officier d'artillerie et 28 sous-officiers. Nous avons pris 6 mitrailleuses, beaucoup d'autres se trouvent sous les décombres.

Nous avons détruit à la mélinite les trois pièces de 77 tombées hier en notre pouvoir. Elles étaient en contrebas en arrière de la deuxième tranchée allemande, dont nous sommes maîtres, et n'auraient pas pu être ramenées dans nos lignes, en raison de la violence du feu.

Entre Soissons et Reims, nous avons déclanché plusieurs attaques locales et progressé d'une centaine de mètres dans le bois au sud de la Ville-au-Bois.

En Champagne, près de Mesnil, des troupes amenées par

les Allemands de leur deuxième ligne à leur première ligne, probablement en vue d'une attaque, ont été dispersées par notre artillerie.

A Vauquois, nous avons, par représailles, aspergé de liquide enflammé les tranchées de l'ennemi, qui a riposté par un bombardement.

Sur le reste du front, rien à signaler.

---

8 JUIN 1915

Nouveaux progrès à Neuville et au Labyrinthe. — Les Italiens s'emparent de Montfalcone.

Situation des armées sur le front occidental

La bataille se poursuit, au nord et au sud d'Arras, avec la même violence et toujours à notre avantage. Si ce n'est pas encore l'offensive générale dont il a été question tant de fois, les opérations que nous provoquons obtiennent un certain succès. Si elles marchent lentement c'est parce que l'ennemi offre le maximum de résistance et qu'il a le plus grand intérêt à nous barrer la route de Lens et à empêcher au prix des plus grands sacrifices que nous nous emparions des hauteurs qui dominent la plaine d'Artois.

Les Allemands ont contre-attaqué à nouveau pendant la nuit du 7 juin, à l'est du plateau de Notre-Dame-de-Lorette et au Labyrinthe mais ils ont été repoussés. A Notre-Dame-de-Lorette les positions n'ont pas été modifiées.

Nous avons progressé à nouveau dans Neuville-Saint-Vaast où nous avons enlevé la totalité de la partie ouest du village. Au Labyrinthe, nos progrès ont été peu sensibles.

Au sud-est d'Hébuterne, les Allemands, après avoir amené en automobiles des troupes provenant de la région à l'est d'Arras, nous ont attaqué vigoureusement pendant la nuit du 7 au 8 juin, nous avons conservé nos gains de la journée précédente. Nous avons progressé au nord-est sur un front de 500 mètres jusqu'à la route d'Hébuterne à Serre et à l'est sur un front de 1.200 mètres.

Nous avons consolidé le terrain que nous avons conquis au nord de l'Aisne malgré un bombardement violent de l'ennemi, auquel nous avons répondu. L'importance de cette position du Moulin-sous-Touvent, à l'est de la forêt de Laigle et au nord-est de Compiègne n'est pas discutable, il suffit pour s'en convaincre de constater le gros effort fait par l'ennemi pour en reprendre possession

F. B.

Nouvelles diverses publiées par les journaux

— On annonce que M. Bryan, ministre des affaires étrangères des Etats-Unis a démissionné, il a été remplacé par M. Lansing.

— Le ministère de la guerre anglais fait connaître que le général Nugent a été tué dans un récent combat sur le front français.

— Les Anglais ont commencé la fabrication d'un puissant explosif dénommé « Arinitrotolnol ».

— Le vice-amiral Aubert, chef d'état-major général de la marine est décédé à Paris le 7 juin. L'amiral de Jonquières a été nommé chef d'état-major général de la marine.

— On annonce de Rotterdam que 14 hommes et 3 femmes, accusés d'espionnage, ont été fusillés hier à Liège.

— Le Président de la République est allé le 6 juin à Verdun et sur les Hauts-de-Meuse, le 7 il s'est rendu au bois Le Prêtre et au bois d'Ailly et il est rentré aujourd'hui à Paris.

— Le général Bourgeois vient d'être adjoint au sous-secrétariat d'Etat à la guerre pour être chargé des questions relatives à l'artillerie de campagne.

En Russie. — On annonce que les Austro-Allemands sont tenus en échec en Galicie et que les Russes ont fait subir aux Bavarois de lourdes pertes entre Grodek et Komarno.

On affirme que la bataille engagée en Galicie sur le nouveau front sera très importante et très longue et que les Allemands viendront s'y briser.

En Turquie. — On annonce de Mytilène que depuis le 5 juin les alliés ont repris une vigoureuse offensive sur plusieurs points de la presqu'île. Ils se sont emparés des tranchées devant Krithia. Des aéroplanes alliés volent constamment au-dessus de la presqu'île réglant le tir de la flotte et des batteries de terre.

En Italie. — L'offensive italienne se continuent sur l'ensemble du front. Entre Rovereto et Riva, sur le lac de Garde, l'artillerie ne cesse de tonner. Sur l'Isonzo, la lutte est très acharnée mais la résistance autrichienne paraît brisée.

L'archiduc Eugène a pris le commandement en chef des troupes austro-allemandes qui opèrent contre l'Italie.

En Serbie. — Une expédition serbe est dirigée contre l'Albanie et les troupes occupent de nombreuses villes dans la direction de Scutari. Cette expédition a pour but d'occuper des points stratégiques pour éviter de nouvelles incursions albanaises sur le territoire serbe.

Documents historiques, récits et anecdotes

LA CAPTURE D'UN PRINCE. — Récemment, dans les lignes du nord d'Arras, était amené un officier du 7ᵉ régiment de hussards allemands. Il avait une allure digne, fière, toute différente de celle de certains autres officiers allemands précédemment capturés. Son uniforme était couvert de sang et de poussière. On le conduisit au poste de secours.

Un de nos officiers, après l'avoir invité en allemand à
s'asseoir, lui demanda s'il parlait le français.

— Oui, Monsieur, répondit-il presque sans accent.

— Et où l'avez-vous appris?

— A Lille, dernièrement, dit-il.

C'était là une réponse ironique, car sa connaissance de
notre langue était parfaite.

La suite de la conversation démontre qu'il en possédait
les moindres nuances:

— Vos hommes sont satisfaits d'être prisonniers... L'êtes-
vous aussi?

— Non; pour un officier, c'est là un sort terrible.

Et après un court silence: « Du moins ai-je une excuse,
poursuivit-il, comme se parlant à lui-même. Je suis blessé,
je souffre et je suis fatigué au point de ne plus tenir debout.
J'ai été de garde pendant deux jours. Je n'ai pas dormi
depuis quarante-huit heures. »

Puis il demanda:

— Va-t-on pouvoir me transporter?

— Oui, bientôt.

Un éclat d'obus avait pratiqué sous son œil droit une
large ouverture. La paupière était tuméfiée, l'œil presque
clos. En outre, l'oreille était fendue. Tandis qu'on lui donnait des soins, il s'informa:

— Mon œil est-il perdu?

— Non.

— J'ai l'oreille coupée en deux, n'est-ce pas?

— Pas en deux, mais en trois.

— Ah! tant pis! fit alors l'Allemand en s'efforçant de
sourire... Je vais donc ressembler à un nègre, à un gri-gri...

— Cela se recolle très bien, une oreille... rassurez-vous.

Puis, pour lui montrer que les tranchées allemandes
étaient bien connues des nôtres, quelqu'un lui demanda:

— C'est dans le boyau von K... que vous avez été fait
prisonnier, n'est-ce pas?

Il eut un sursaut, mais ne répondit pas. Lorsqu'il eut été

pansé, il se dressa, porta la main à sa casquette, salua l'assistance et dit:

— Merci, Messieurs!

Bientôt on apprenait que l'officier si poli, qui s'exprimait si bien en français, n'était autre que le prince de X..., apparenté aux familles allemandes les plus illustres.

Dépêches officielles

Premier Communiqué

Dans le secteur au nord d'Arras, quelques actions d'infanterie se sont déroulées dans la soirée et dans la nuit sur les pentes est du plateau de Lorette. L'ennemi a répondu à une attaque par trois contre-attaques violentes; les positions n'ont pas été modifiées de part et d'autre.

Au nord-est de la sucrerie de Souchez, nous avons encore progressé. A Neuville-Saint-Vaast, nous nous sommes emparés, par un combat très violent, d'un nouveau groupe de maisons. Dans la région du « Labyrinthe », une contre-attaque allemande a été repoussée.

Au sud-est d'Hébuterne, les Allemands ont cherché à reprendre les positions qu'ils avaient perdues; ils ont été quatre fois repoussés. Nous avons élargi notre gain vers le nord-est en nous emparant de deux lignes de tranchées allemandes, sur un front de cinq cents mètres, jusqu'à la route d'Hébuterne à Serre. Nous avons fait cent cinquante prisonniers, dont cent non blessés.

Deuxième Communiqué

Dans la région de Notre-Dame-de-Lorette, la lutte d'artillerie a été aujourd'hui très vive. Notre infanterie a partout consolidé les positions antérieurement conquises et réalisé de nouvelles avances.

A Neuville-Saint-Vaast, nous avons enlevé la totalité de l'îlot ouest du village ainsi que de nouvelles maisons dans la rue principale (îlot nord).

Dans le « Labyrinthe », nos troupes ont repoussé une violente contre-attaque et légèrement accentué nos progrès.

Au sud d'Hébuterne, nous avons maintenu les gains d'hier et de cette nuit malgré une forte attaque menée par deux bataillons allemands amenés hâtivement en automobiles de la région à l'est d'Arras. Nous avons ensuite poursuivi notre progression vers l'est sur un front de 1,200 mètres environ.

L'ennemi a violemment bombardé les tranchées que nous lui avons enlevées hier au nord de l'Aisne, près de Moulin-sous-Touvent. Ce bombardement, auquel notre artillerie a vivement riposté, n'a été suivi d'aucune contre-attaque.

---

9 JUIN 1915

Prise par les Français de la totalité de Neuville-Saint-Vaast. — Un sous-marin allemand est coulé par les Anglais. — Les Austro-Allemands franchissent le Dniester. — Un dirigeable italien prend feu après avoir bombardé Fiume.

Situation des armées sur le front occidental

Les opérations dans les Flandres subissent un temps d'arrêt, les communiqués officiels ne les jugent pas assez importants pour les relater et c'est par les journaux que nous apprenons que les Belges ont remporté un léger succès dans le voisinage du Château de Vicoigne près de Pervyse où, dans un combat d'avant-postes, ils se sont emparés de trois mitrailleuses.

Les Anglais ont fait exploser une mine au bois de Ploegsteert sous une tranchée allemande qui a été bouleversée.

On craint une nouvelle ruée allemande sur Ypres car, depuis quelques jours, la frontière belge est fermée pour permettre des transports de troupe qui paraissent se diriger vers l'Yser.

La bataille se continue au nord d'Arras avec la même violence que précédemment. La lutte d'artillerie est toujours terrible et les combats d'infanterie ne le cèdent en rien.

Nous avons réussi, dans la nuit du 8 au 9 juin, à nous emparer complètement de Neuville-Saint-Vaast malgré la résistance opiniâtre des Allemands. Ceux-ci ont laissé entre nos mains un matériel important, quelques mitrailleuses et un canon de 77. Nous avons couvert la position acquise en progressant au nord, au-delà de Neuville.

Dans le Labyrinthe, au sud-est de Neuville, nous continuons à gagner du terrain dans la partie sud-est du fortin.

A la ferme Touvent, dans la région d'Hébuterne nous avons élargi nos positions malgré un violent bombardement de l'ennemi.

Nous avons résisté à une contre-attaque ennemie à la ferme de Quennevières, à l'est de Tracy-le-Mont.

Aux lisières du bois Le Prêtre, nous nous sommes emparés de plusieurs tranchées allemandes sur un front de 350 mètres.

Nos progrès sur l'ensemble du front, quoique toujours lents, sont continus et les résultats obtenus nous permettent d'attendre avec patience de nouveaux succès.

F. B.

Nouvelles diverses publiées par les journaux

—Un avion allemand a survolé le 8 juin la région de Colombier-Fontaine. Un autre avion a survolé Montbéliard mais canonné par le fort du Mont-Vaudois, il a disparu dans la direction de Belfort.

— Des aviateurs alliés ont jeté le 7 juin plusieurs bombes sur Gand, ils ont causé des dommages considérables.

— Un dirigeable français a survolé la Forêt-Noire le 7 juin, dans la direction d'Offenburg. Le ballon a été bombardé mais il n'a pas été atteint car il volait trop haut.

— Le chalutier anglais *Saturn* a été coulé par un sous-marin allemand dans la mer du Nord.

— La barque française *Liberté* a été coulée dans la Manche par un sous-marin allemand.

— Le charbonnier anglais *Lady-Salisbury* a été torpillé sans avertissement préalable, ce matin, 9 juin, au large de Harwick.

En Russie. — Les combats de Galicie sont de plus en plus violents notamment sur le front du Dniester où les attaques allemandes restent infructueuses quoique les forces ennemies aient été considérablement renforcées.

Sur le reste du front la situation n'est pas modifiée dans son ensemble. Sur la rive gauche de la Vistule, au nord de Fawa, les Allemands, profitant d'un vent favorable, ont essayé d'empoisonner les troupes russes avec des gaz délétères.

On apprend que le comte Péter Benckendorff, colonel de la cavalerie de la garde, fils de l'ambassadeur de Russie à Londres, a été tué dernièrement, dans une action près de Kowno.

En Turquie. — Le bruit court avec persistance, à Ténedos, que les alliés ont remporté un grand succès dans la presqu'île de Gallipoli; ils auraient mis en déroute des régiments turcs qui s'étaient retranchés. Le bombardement de la flotte des alliés est principalement dirigé contre les forts asiatiques et contre les campements turcs de Karantma.

On apprend que le sous-marin allemand qui coula le *Triumph* et le *Majestic* est arrivé à la Corne d'Or.

En Italie. — Le passage de l'Isonzo s'effectue normalement, grâce au dévouement des pontonniers que le feu ennemi ne rebute pas.

Un torpilleur autrichien qui avait voulu quitter le golfe de Trieste a été coulé par un sous-marin italien.

Un télégramme officiel de Rome annonce que le 8 juin, un dirigeable italien a survolé Fiume, laissant tomber plusieurs bombes sur des établissements militaires. Au retour, à la suite d'une panne de moteur, le dirigeable fut obligé de s'abaisser sur la mer et il prit feu près de l'île Lussin. L'équipage a été fait prisonnier.

Documents historiques, récits et anecdotes

Un HOHENZOLLERN POUILLEUX. — Le prince Adalbert de Prusse, le troisième fils du kaiser, est inscrit comme officier « à la suite » dans le régiment de grenadiers de Frédéric-le-Grand, actuellement engagé en Pologne.

Il y a quelque temps, le prince pensa faire grand plaisir aux grenadiers en allant passer deux jours parmi eux. Quand il voulut repartir, le lieutenant-colonel commandant le régiment crut devoir lui remettre, dûment signée et timbrée, la pièce sans laquelle aucun soldat revenant du front oriental n'est admis dans les chemins de fer.

Ce document historique était ainsi conçu:

« Il est attesté par la présente que S. A. R. le prince Adalbert de Prusse a été désinfecté et se trouve actuellement exempt de vermine. »

Tous les bons patriotes allemands espèrent que cet acte fait simplement allusion au passé et n'implique aucune réserve pour l'avenir.

Dépêches officielles
Premier Communiqué

Rien à ajouter au communiqué d'hier soir, si ce n'est une progression de cent mètres en profondeur sur trois cent cinquante mètres de front, aux lisières du bois Le Prêtre, où nous avons enlevé deux et, sur certains points, trois lignes de tranchées allemandes, et fait une cinquantaine de prisonniers.

Deuxième Communiqué

Le combat d'artillerie a continué très violent dans le secteur au nord d'Arras.

Nous avons enlevé la nuit dernière et ce matin les maisons de Neuville-Saint-Vaast que l'ennemi tenait encore; la totalité du village est en notre pouvoir. Nous avons en outre progressé à l'extérieur de l'îlot nord.

Dans le « Labyrinthe », nos progrès se sont poursuivis, notamment dans la partie sud-est.

Dans la région d'Hébuterne, nous avons, malgré un violent bombardement, élargi nos positions autour de la ferme Touvent.

Dans la région à l'est de Tracy-le-Mont, à la ferme de Quennevières, une contre-attaque ennemie, la nuit dernière, a complètement échoué. Nous avons conservé tout entier le terrain gagné le 6.

Sur le reste du front, rien à signaler.

10 JUIN 1915

Deux torpilleurs anglais sont coulés par un sous-marin allemand. — Violent combat aux Eparges. — Prise de Montfalcone par les Italiens.

Situation des armées sur le front occidental

La situation sur l'ensemble du front ne s'est guère modifiée depuis hier. Les Allemands ont tenté de reprendre le terrain que nous leurs avons enlevé, mais nos troupes avec leur ténacité habituelle ont repoussé toutes les attaques. Les combats de nuit les plus violents ont été livrés à la sucrerie de Souchez et dans la région d'Hébuterne.

Nous avons réalisé de nouveaux progrès au Labyrinthe. Partout ailleurs, ce sont les combats d'artillerie qui ont dominé, les duels ont été surtout violents sur le plateau de Notre-Dame-de-Lorette et à Neuville-Saint-Vaast.

En résumé, dans le secteur d'Arras, nous conservons et consolidons nos gains et nous avançons chaque jour un peu sur les hauteurs qui dominent les plaines d'Artois.

Dans les Flandres, l'artillerie allemande a bombardé les postes avancés belges de Ramscapelle et de Pervyse, sans qu'aucune action d'infanterie n'ait été engagée.

Une attaque allemande a été repoussée dans la région de Beauséjour, en Champagne. Cette attaque effectuée par un bataillon a été désastreuse pour l'ennemi qui a laissé de nombreux morts sur le terrain.

Les journaux suisses signalent des escarmouches en Alsace. Dans la nuit du 6 au 7 juin, une violente fusillade a été ouverte par les troupes françaises qui ont mis en action des réflecteurs mobiles. Toute la nuit des escarmouches se sont produites entre avant-postes, sans pertes notables. Près de Pfetterhausen, les lignes allemandes n'ont pas pu gagner de terrain, quoi qu'elles aient été appuyées par de l'artillerie. La vigilance des troupes françaises a déjoué toutes leurs tentatives.

Le 7 juin le canon a tonné toute la journée dans la région au nord d'Altkirch. Dans la vallée de la Largue, la situation est calme, les Allemands ont envoyé dans cette région des soldats de 40 à 42 ans, venant de la Prusse orientale.

F. B.

Nouvelles diverses publiées par les journaux

— Un télégramme de Londres fait connaître que ce matin, 10 juin, de bonne heure, un sous-marin allemand a torpillé et coulé dans la mer du Nord, les torpilleurs anglais *10* et *12*.

— M. Balfour, ministre de la marine, a annoncé à la Chambre des Communes qu'un sous-marin allemand a été coulé il y a quelques jours, 6 officiers et 21 hommes ont été faits prisonniers.

— Un télégramme d'Hanoï fait connaître que M. Destenay, secrétaire général intérimaire de l'Indo-Chine est mort le 9 juin à Hanoï après une maladie de cinq jours.

— Le général Maunoury qui fut blessé en même temps que le général de Villaret pendant qu'il observait, d'une tranchée, les positions ennemies, est dans un état de santé satisfaisant.

— Onze prisonniers français, dont trois sergents et deux caporaux viennent d'arriver à Pontarlier. Ils se sont évadés d'un camp de concentration du Wurtemberg le 28 mai.

— Les bateaux anglais *Susannah, Nottingham, Tunisian, Castor, Erna-Balt, Qui-Vive, Edward, Vélocity, Express* ont été coulés ces derniers jours par des mines ou par des sous-marins allemands.

En Russie. — Dans la région de Kowno, entre le Niémen et la voie ferrée, les Allemands ont légèrement progressé dans les forêts de Kozlovoranda.

Dans la région du Dniester les attaques ennemies sur le front Ugartsberg-Jidatchew ont été repoussées. Sur la rive gauche du fleuve, le combat continue contre des forces austro-allemandes qui ont franchi le fleuve près de Jouravno.

Les armées russes paraissent reprendre l'offensive vers la Wisloka et elles se préparent à attaquer les forces du général Mackensen entre Nisko et Utanow.

Dans la Baltique, un sous-marin anglais a coulé le 4 juin un torpilleur et un transport allemands.

En Turquie. — On a découvert, dans un port d'une île de la mer Égée, à Calymno, un dépôt de 1.550 caisses et 182 barils de benzine, destinés à ravitailler des sous-marins allemands. Tout le stock a été saisi par des navires alliés.

En Italie. — Le communiqué italien est aujourd'hui des plus intéressants, il annonce la prise de Montfalcone qui a été occupée après un violent bombardement et l'occupation de la position de Preikofel que les Autrichiens ont défendue énergiquement. La bataille continue sur l'Isonzo.

En Serbie. — Deux aéroplanes français ont donné la chasse à trois aéroplanes autrichiens qui avaient jeté des bombes sur Kragoujevatz.

Documents historiques, récits et anecdotes

LES ALLIÉS ONT ACTUELLEMENT 1.075.000 PRISONNIERS. — L'*Invalide Russe*, journal officiel du ministère de la guerre, a fait le calcul, d'après les données officielles, du nombre des prisonniers allemands et autrichiens détenus dans les différents pays:

La Russie a, en tout, 735.000 prisonniers dont 10.000 officiers; ces prisonniers se répartissent ainsi: 155.400 Allemands, parmi lesquels 1.400 officiers, et 542.000 Autrichiens, dont 8.100 officiers. La France a 251.400 prisonniers allemands, et l'Angleterre 80.000. Les Serbes ont pris 53.000 Autrichiens, et les Japonais 7.000 Allemands. En

Afrique et près de Suez, les alliés ont fait 3.200 prisonniers turcs et allemands, et dans leurs opérations navales, 4.030 prisonniers.

Ainsi, le total des prisonniers faits jusqu'à ce jour par les armées alliées et leurs flottes, s'élève à 1,075.000 hommes. — (La Presse Associée.)

Dépêches officielles

Premier Communiqué

Très violent combat d'artillerie toute la nuit dans la région de Lorette. A la sucrerie de Souchez, l'ennemi a prononcé, à 21 heures, une attaque qui a été aussitôt repoussée.

Les Allemands ont bombardé Neuville-Saint-Vaast, mais n'ont pas tenté de le reprendre.

Nous avons réalisé de nouveaux progrès dans le « Labyrinthe ».

Dans la région d'Hébuterne, notre gain, entièrement maintenu, porte sur un front de dix-huit cents mètres et une profondeur d'environ un kilomètre.

Rien de nouveau sur le reste du front.

Deuxième Communiqué

La lutte d'artillerie a continué dans le secteur au nord d'Arras. Elle a été gênée cependant par un brouillard très épais.

Les rapports complémentaires sur la prise de Neuville-Saint-Vaast établissent que la partie nord-est du village et le fortin que l'ennemi y avait organisé ont été défendus avec une extrême opiniâtreté. C'est par une lutte pied à pied, de maison à maison, que notre infanterie s'est emparée de la totalité de la position.

Les Allemands ne se sont retirés qu'à la dernière extrémité, en laissant en nos mains un nombreux matériel, dont un canon de 77 et plusieurs mitrailleuses. Nous avons trouvé dans les maisons, dans les boyaux et dans les caves près d'un millier de cadavres allemands.

Dans la région d'Hébuterne, nous avons pris à l'ennemi, dans les journées des 7, 8 et 9 juin, six mitrailleuses.

En Champagne, dans la région de Beauséjour, l'ennemi a attaqué nos tranchées avec plus d'un bataillon; il a été partout repoussé. De nombreux cadavres allemands sont restés sur le terrain.

Sur les Hauts-de-Meuse, notamment aux Eparges, violent combat d'artillerie au cours duquel nos canons ont réduit au silence les batteries ennemies.

---

11 JUIN 1915

Nouveaux progrès des Français au Labyrinthe et à la ferme Touvent. — Les Russes rejettent les Austro-Allemands sur la rive droite du Dniester. — Prise de Rodestagno par les Italiens.

Situation des armées sur le front occidental

Au nord d'Arras, nous continuons à avancer dans le Labyrinthe où nous avons enlevé plusieurs boyaux de communication près de la grande route d'Arras à Lille. Il est nécessaire, paraît-il, que nous nous emparions complètement de cet ouvrage pour faciliter l'enlèvement des autres positions en bordure de la plaine de Lens. Quoique notre avance soit lente, en raison des difficultés accumulées, nous ne devons pas tarder à l'avoir en notre entière possession.

Dans la région d'Hébuterne, nous avons remporté de nouveaux succès et nous nous sommes emparés de plusieurs tranchées. Une violente attaque prononcée par les Allemands contre la ferme Touvent a été complètement repoussée. Le nom de cette ferme indique à lui seul sa situation sur un point élevé qui domine le terrain environnant. Il est d'usage dans cette région de donner le nom de Touvent aux points culminants exposés à tous les vents. Nous retrouvons cette démonstration dans les communiqués lorsqu'il est question de la région à l'est de Tracy-le-Mont, du Moulin-sous-Touvent.

Il paraît que dans cette dernière région, au saillant dit la ferme de Quennevières, l'ennemi n'a pas attaqué dans la journée du 11 juin, il a manifesté son activité en bombardant notre nouvelle position.

Les Allemands n'ont pas attaqué davantage à Neuville-Saint-Vaast, nous en avons profité pour consolider nos positions en avant de cette localité et pour procéder au déblaiement des décombres à Neuville même. L'inventaire du butin, donné par le communiqué du 11 juin, se solde par 3 pièces de 77, 3 lance-bombes, 15 mitrailleuses, 800.000 cartouches, 1.000 fusils, des appareils incendiaires, des outils de parc, des obus, des caisses d'explosifs et de vivres, etc., etc.

L'importance de nos prises nous indique que les Allemands avaient fait de Neuville-Saint-Vaast une véritable forteresse.

F. B.

Nouvelles diverses publiées par les journaux

— Le vapeur russe *Dania* a été coulé par un sous-marin allemand dans la mer du Nord ainsi que le voilier russe *Thomasina*.

— Le vapeur suédois *Otago* qui se dirigeait sur Hull a été coulé dans la mer du Nord par un sous-marin allemand.

— Le ministre de la marine a fait connaître le 11 juin aux puissances neutres qu'à partir du 15 juin, il sera dangereux de franchir le Pas-de-Calais entre le Colbart et la côte française. Le Colbart est un banc qui se trouve à peu près au milieu du détroit.

— On annonce de Cadix que le croiseur français *Du Chayla* a trouvé à bord du vapeur espagnol *Canalejas* deux personnes suspectes qui ont été transbordées sur le croiseur français.

— Le général de Maud'huy a remis le 11 juin, dans les Vosges, la croix de la Légion d'honneur au sous-lieutenant Petin et la médaille militaire au sergent Dutreix, appartenant tous deux à un bataillon de chasseurs.

— Le roi des Belges vient d'accorder la croix de l'ordre de Léopold aux capitaines Varaigne et Jeannerad, de l'aviation française, pour services rendus à l'aviation belge. Le sous-lieutenant Bielovucic est nommé chevalier de la Couronne.

— On annonce de New-York la découverte d'un complot allemand tendant à accaparer les fabriques de munitions. Le directeur d'une grande firme d'acier a refusé 20 millions. M. Schwab, allemand d'origine, directeur de la Bethléem-Steel-Work à qui on offrait 100 millions a également refusé.

En Russie. — Le communiqué officiel russe fait connaître que dans la région de Chavli (Lithuanie) toutes les attaques allemandes ont été repoussées.

Au cours de la journée du 10 juin, les forces austro-allemandes qui avaient passé sur la rive gauche du Dniester près de Jurawno et qui se répandaient sur le front Jurowkow-Siwki, ont été rejetées sur la rive droite. Dans ce combat, les Russes ont pris 17 canons, 49 mitrailleuses, ils ont fait prisonniers 6.500 soldats et 188 officiers.

En Turquie. — Le combat continue dans la presqu'île de Gallipoli avec de légers avantages pour les alliés. Le bombardement de la côte d'Asie se poursuit. L'apparition de sous-marins anglais dans la mer de Marmara a eu pour effet de faire cesser tous les transports turcs par mer.

En Italie. — Les troupes italiennes s'avancent au-delà de l'Isonzo sur Goritz.

Sur la frontière Tyrol-Trentin, les Italiens ont occupé Podestagno au nord de Cortina d'Ampezzo.

Une escadrille de torpilleurs italiens a dégagé 32 voiliers chargés de maïs et de farine à destination du Monténégro qui étaient retenus à Médoua par les Albanais. Ils ont été remorqués à Cettigne.

Documents historiques, récits et anecdotes

Un fusilier médaillé a 16 ans. — La défense de la Belgique par nos fusiliers marins est une vraie page d'épopée. La brigade se composait de 6,000 hommes. Elle était soutenue par 5,000 Belges, excellente troupe, mais harassée, épuisée par une très dure campagne. Il s'agissait d'arrêter le flot de l'invasion allemande.

L'amiral Ronarc'h qui commandait avait dit à ses marins: « Mes garçons, il faudra tenir 48 heures, coûte que coûte, pour barrer à l'ennemi la route de Dunkerque et de Calais. » La résistance dura vingt-six jours et fut une lutte homérique contre 45.000 Allemands. Le temps était exécrable; des pluies abondantes qui se répandaient dans les tranchées, les convertissaient en mares de boue.

« Il fait froid! » Tel est le lugubre refrain, dans les lettres des cols-bleus. « On grelotte, dit l'un d'eux, mais on n'a pas peur. »

La brigade des jeunes filles. — La brigade des fusiliers marins était en majeure partie composée de jeunes gens de 18 à 20 ans, encadrés par des gradés appartenant à l'active et à la réserve. L'aspect juvénile de nos matelots leur avait valu, parmi les Allemands, le surnom de « jeunes filles françaises ». Les Teutons apprirent bien vite quel sang coulait dans les veines des fils de terre-neuvas.

Parmi les cadets de la marine se trouvait un jeune Breton qui mérite une mention spéciale, Yvon Nicolas, de Quimper.

D'intelligence vive et doué d'aptitudes physiques remarquables, Yvon Nicolas était, à 14 ans et demi, admis à l'Ecole des Mousses de la Flotte, à Brest. Il y suivit l'enseignement du lieutenant de vaisseau Hébert. A 16 ans, il entre au bataillon des fusiliers, à Lorient. Il en sort breveté. La guerre éclate. Le voilà à Paris, au Grand-Palais, avec les marins. Peu après, la brigade est dirigée sur Gand et prend contact avec l'ennemi.

Quartier-maître à 16 ans. — A Melle, sur la route de Dixmude, les fusiliers sont très éprouvés. Pour contenir l'avancée ennemie il ne restait plus, un certain jour, qu'une seule mitrailleuse manœuvrée par le quartier-maître B... et servie par le jeune breveté Nicolas. Lançant une pluie de balles sans interruption, les deux vaillants marins permettent à la petite troupe de se reformer en ordre et de tenir pendant que le gros de nos forces s'implante dans Dixmude.

Ce soir-là, Yvon Nicolas fut nommé quartier-maître, à 16 ans et demi, fait sans précédent dans la marine.

Puis vint la lutte pour Dixmude, quatorze jours de résistance. Enfin l'ordre arriva de battre en retraite. Yvon Nicolas traversa l'Yser à la nage, portant sur son épaule le mécanisme de sa mitrailleuse.

La brigade connut ensuite quelques jours de calme relatif. On laissait la parole aux 75. Un matin, l'action reprend. Les fusiliers s'élancent, impatients de venger leurs frères tombés au champ d'honneur. Pendant une phase du combat, Français et Allemands se trouvent nez à nez dans la même tranchée, séparés seulement par un monticule formé de sacs de terre. On se bat, de part et d'autre, avec une ardeur sauvage. Soudain le commandant de chasseurs, s'adressant à l'officier des marins, s'écrie: « Capitaine, ce n'est plus de la guerre, cela! Ils sont en nombre. Nos hommes vont se faire égorger inutilement. Faites monter ne mitrailleuse sur cette crête et, si elle peut ouvrir une brèche dans les rangs ennemis, nous passerons! »

Lui et sa mitrailleuse. — Le lieutenant de vaisseau de M... se retourne, ému et, jetant un regard vers le jeune Nicolas: « Yvon? » Il ne dit pas un mot de plus. L'enfant a compris. D'un seul élan, il hisse sa *faucheuse* en haut du monticule. En voyant ce gamin se dresser seul sur la barricade, les Allemands ont une seconde d'hésitation. Le petit fusilier en profite. Tac! tac! tac! tac! Dans les rangs ennemis, c'est une épouvantable hécatombe. Voyant son œuvre, Yvon Nicolas ramasse un fusil allemand, crie: « En avant! » et conduit la charge.

Fusiliers et chasseurs se précipitent derrière lui, exterminant tout ce qu'ils trouvent sur leur passage. Quelques instants après, la position était à nous.

Ce trait héroïque valut à Yvon Nicolas d'être cité à l'ordre du jour de l'armée. Trois jours après, un général accrochait sur sa poitrine la Médaille militaire. — (*Petit Journal*.)

Dépêches officielles

Premier Communiqué

Rien d'important à ajouter au communiqué d'hier soir, si ce n'est: 1° de nouveaux succès dans le « Labyrinthe », où nous avons continué à refouler l'ennemi; 2° quelques progrès à l'est du « Labyrinthe », où nous avons enlevé plusieurs boyaux allemands, près de la grande route d'Arras à Lille; 3° dans la région d'Hébuterne, l'élargissement de nos gains au nord et au sud du front d'attaque du 7 et la conquête de plusieurs tranchées. Nous avons fait, en ce point, cent prisonniers et pris des mitrailleuses.

Deuxième Communiqué

Nous avons consolidé nos positions en avant de Neuville-Saint-Vaast.

L'inventaire du butin, qui se poursuit encore, nous a déjà permis de trouver dans les décombres 3 pièces de 77, 3 lance-bombes, une quinzaine de mitrailleuses ensevelies ou endommagées, des milliers de grenades, 800.000 cartouches, 1.000 fusils, des appareils incendiaires, des obus de 105, des outils de parc en très grande quantité, de nombreuses caisses d'explosifs, d'équipements et de vivres.

Dans la région de la ferme Touvent (sud d'Hébuterne), nous avons organisé les positions conquises hier soir et ce matin, où nous avons fait 130 nouveaux prisonniers, parmi lesquels un chef de bataillon. En outre, de nombreux blessés allemands ont été recueillis dans nos ambulances. Les cadavres ennemis se comptent par centaines. Nous avons pris 3 nouvelles mitrailleuses et entamé les lignes allemandes sur une longueur de plus de deux kilomètres et sur une profondeur d'un kilomètre. Une forte contre-attaque prononcée ce matin par l'ennemi a été complètement repoussée.

Dans la région de la ferme Quennevières (est de Tracy-le-Mont), nos tranchées sont fortement établies au contact immédiat de l'ennemi, qui n'a pas contre-attaqué aujourd'hui et ne s'est manifesté que par son artillerie.

En Champagne, dans la région de Beauséjour, les Allemands n'ont pas renouvelé leur tentative contre les tranchées théâtre des derniers combats et dont nous demeurons entièrement maîtres.

13 JUIN 1915

Nouveaux progrès des Français au nord de Lorette et au Labyrinthe

---

Situation des armées sur le front occidental

Les communiqués d'aujourd'hui signalent de violents duels d'artillerie dans la région au nord d'Arras, dans celle d'Hébuterne et sur le front Perthes-Beauséjour. Ils parlent également de nouveaux progrès au fond de Buval et au Labyrinthe.

Les opérations importantes qui se sont déroulées dans le Nord sont l'objet d'appréciations du correspondant hollandais d'un journal de Londres qu'il vous est agréable de rapporter. Ce correspondant expose que la partie de la ligne de combat entre Arras et La Bassée est à l'heure actuelle le théâtre d'évènements qui auront une influence considérable sur la situation militaire du front occidental. Le moins que l'on peut attendre est le raccourcissement de la ligne allemande sur une échelle qui impliquera l'abandon de cette région de la France du Nord que l'ennemi détient actuellement. Lens en est la clé. L'occupation d'Ecurie, jointe à la pression faite un peu plus au sud, aurait causé beaucoup d'alarme aux Allemands. Ceux-ci ont envoyé tous les hommes disponibles pour la tentative vaine d'arrêter les Français. Les Allemands ont même engagé dans cette action les fusiliers marins de Zeebrugge et d'Ostende. Si les choses continuent à aller comme elles vont actuellement, l'ennemi sera forcé de reculer sur sa seconde ligne qui part de Gand-Courtrai, puis fait saillant pour embrasser Lille et ensuite tourne brusquement dans la direction de l'est jusqu'à un point un peu plus au sud de Tournai.

En cas de retraite, les Allemands feront une défense entêtée dans le triangle Courtrai-Lille-Tournai qu'on a transformé en un vaste champ d'ouvrages défensifs. La place de Lille a été fortifiée d'une façon formidable, les forts ont été renforcés avec du beton armé. Tournai a été également fortifié et des canons ont été placés sur le mont Saint-Auberu, situé derrière la ville et dominant le pays sur de nombreux kilomètres. Les Allemands ne négligent aucun détail pour protéger leur recul. Les routes de Lille à Lens sont mises en état de défense et des ouvrages de campagne ont été édifiés entre Lille et le front actuel.

Les fait et les prévisions, tels qu'ils sont exposés nous paraissent devoir se réaliser dans un délai peu éloigné.

F. B.

Nouvelles diverses publiées par les journaux

— Un commencement d'incendie s'est déclaré dans la nuit du 11 au 12 juin à proximité des appontements Millhaud dans l'arsenal de Toulon. Grâce à la promptitude des secours, le feu a été circonscrit et les dégâts matériels sont peu importants.

— Les chalutiers anglais *Intrépid* et *Vaago* ont été coulés par un sous-marin allemand dans la mer du Nord.

— Le navire de commerce anglais *Leuctra* venant de Buenos-Ayres a été torpillé et coulé près d'Aldbrought par un sous-marin allemand.

— Un télégramme de Copenhague apprend que cinq grands zeppelins du dernier type ont quitté le Schleswig le 11 juin faisant route vers la mer du Nord.

— Mme Roland, qui habite Paris, vient d'être avisée par l'ambassade d'Espagne à Berlin que son fils, le soldat Louis-André Bossu, tombé à la bataille de Chaumont-Saint-Quentin, le 27 août 1914, est prisonnier au camp de Senne (Allemagne).

En Russie. — On annonce que la défaite infligée aux Allemands dans le secteur de Jurawno a changé toute la situation stratégique en faveur des Russes.

Ces derniers jours, des aéroplanes allemands ont bombardé avec un acharnement extrême les villes et les villages de la rive gauche de la Vistule.

L'état-major russe a décidé de livrer, si besoin est, une nouvelle bataille devant Lemberg. On a éloigné de la ville tous les impédimenta humains et matériels.

En Turquie. — La bataille continue jour et nuit à Gallipoli. Les alliés se sont emparés de deux hauteurs commandant le village de Mathilon, ils ont fait 700 prisonniers.

Dans la nuit du 10 au 11 juin, à proximité du Bosphore, deux torpilleurs russes ont rencontré le croiseur *Breslau*. Un duel d'artillerie s'est engagé aussitôt, plusieurs coups ont atteint le croiseur et produit une forte explosion à bord. Un des torpilleurs russes a été endommagé, un officier et six marins ont été blessés.

Un télégramme d'Athènes annonce qu'un sous-marin autrichien a été coulé le 7 juin, à l'entrée des Dardanelles.

En Italie. — On annonce officiellement que les Italiens se sont emparés de Gradisca, sur la route de Goritz.

Des renforts autrichiens viennent d'arriver sur le front italien. Le total de ces renforts est de 45.000 hommes et de 64 batteries d'artillerie.

Des avions autrichiens ont jeté des bombes sur Polignano, Mola-di-Bari et Monopoli, quelques personnes ont été tuées.

On apprend que le dirigeable autrichien qui jeta des bombes le 24 mai sur les côtes italiennes, a son hangar dans l'île Lussino.

Documents historiques, récits et anecdotes

UN SOLDAT FRANÇAIS RESTÉ 8 MOIS DANS LES LIGNES ALLEMANDES. — Le soldat Raymond Pitre, du 28e d'infanterie, n'avait plus, depuis le 15 août 1914, donné de ses nouvelles à ses parents qui habitent Aveny, petite commune de l'arrondissement des Andelys. Après neuf mois de silence, le 15 mai, ses parents reçurent de Hollande une carte où leur fils leur faisait savoir qu'il était en bonne santé. Et, de fait, ces jours derniers, Pître se présentait au dépôt de son bataillon à Evreux, d'où il s'est rendu en permission à Aveny. On juge de la joie de ses parents qui, pendant de longs mois, l'avaient cru mort.

Raymond Pître a raconté son extraordinaire aventure. Surpris, avec plusieurs de ses camarades, par l'invasion allemande, il vécut pendant huit mois dans les lignes allemandes, caché dans les bois. Il trouva à se placer chez un cultivateur et ce n'est que vers la fin d'avril qu'il put gagner la frontière hollandaise (*Petit Journal*.)

LES DÉPUTÉS MOBILISÉS. — Le *Journal officiel* publie une importante promotion dans le cadre auxiliaire du service de l'intendance. Cette promotion comprend entre autres noms ceux de MM. Henri Maitre, député de Saône-et-Loire, nommé au grade d'attaché d'intendance; P. Champetier, député de l'Ardèche; Georges Ponsot, député du Jura; Jules Nadi, député de la Drôme; Camille Reboul, Jean Molle, députés de l'Hérault; Ernest Lamy, député du Morbihan, qui sont nommés officiers d'administration du service des subsistances.

Dépêches officielles

Premier Communiqué

Rien à ajouter au communiqué d'hier soir, si ce n'est de nouveaux progrès de nos troupes dans la région du Fond-de-Buval (nord de Lorette) et dans celle du « Labyrinthe ». Ce matin un brouillard épais règne dans le secteur au nord d'Arras.

Deuxième Communiqué

Dans la région au nord d'Arras, lutte d'artillerie, partie entièrement violente sur le plateau de Lorette.

L'ennemi, dans tout ce secteur (Aix-Noulette-Ecurie), a cherché, par un bombardement continu, à gêner l'organisation des positions que nous avons conquises. Notre artillerie a riposté sur les tranchées et les batteries allemandes.

Dans la région de la ferme Touvent (sud-est d'Hébuterne), l'ennemi a lancé ce matin une contre-attaque qui a été facilement enrayée.

Rien à signaler sur le reste du front, si ce n'est une action d'artillerie assez vive dans le secteur de Reims et sur le front Perthes-Beauséjour.

---

13 JUIN 1915

Prise de la gare de Souchez. — Nouveaux progrès dans la région d'Hébuterne. — Bataille navale dans la mer Noire, le « Breslau » est avarié.

Situation des armées sur le front occidental

Dans la région au nord d'Arras, la lutte d'artillerie continue sans interruption; malgré le bombardement et les contre-attaques allemandes, nous maintenons nos positions et sur certains points nous continuons à avancer. Notre offensive paraît s'être concentrée aujourd'hui autour de Souchez.

Nous nous sommes emparés de la station du chemin de fer de Souchez qui se trouve à 200 mètres environ de cette localité. Nous avons pris d'assaut une crête fortement organisée, en avant de la distillerie de Souchez.

Au sud d'Arras, dans le secteur d'Hébuterne, nous avons enlevé trois lignes de tranchées allemandes à proximité de la route de Serre à Mailly-Maillet, nous avons ensuite repoussé une contre-attaque allemande sur le même point.

Nous avons aussi progressé à la ferme de Quennevières (est de Tracy-le-Mont), à la suite d'une attaque allemande.

La bataille de l'Artois continue donc toujours avec acharnement et dans des conditions qui ne cessent pas de nous être avantageuses, quoique les Allemands, redoutant de voir leurs communications coupées au nord d'Arras ne cessent pas d'envoyer des renforts d'infanterie et de l'artillerie lourde. D'après les prisonniers allemands faits dans les récents combats, l'empereur a donné l'ordre d'arrêter l'avance des Français à n'importe quel prix.

Un télégramme de Rotterdam nous apprend qu'un violent combat a eu lieu près de Mannkesveere et au nord de Dixmude, où les alliés ont pris l'offensive. D'après le nombre des blessés arrivés à Bruges, la lutte semble avoir été très violente. Les Allemands reconnaissent que leurs pertes sont élevées.

Nous apprendrons sans doute demain, par les communiqués belges et français si cette nouvelle de source hollandaise est exacte car le communiqué belge d'hier ne signale qu'un violent bombardement de l'artillerie allemande contre les positions avancées au nord de Dixmude. Les batteries belges ont riposté en bombardant Terstelle et Waeleweyden.

F. B.

Nouvelles diverses publiées par les journaux

— On apprend que le général Barbot a été blessé mortellement le 10 mai, au milieu de ses troupes.

— 53 —

— Le ministre de la guerre a remis hier la croix de la Légion d'honneur au lieutenant aviateur anglais Warneford, pour avoir détruit seul, en Belgique, un zeppelin armé.

— Le chalutier anglais *Plymouth*, a été coulé par un sous-marin allemand.

— Le navire de commerce allemand *F.-C.-Lœcistz* qui fut saisi dans les mers de Chine et amené à Saïgon, vient d'arriver à Toulon. Il transportait 3.000 tonnes de riz et des milliers de tonnes de marchandises diverses.

— Un avion allemand a survolé Saint-Dié et a lancé 3 bombes dont une est tombée sur une usine, a tué un enfant et blessé une jeune fille.

— La famille Gallas, des environs du Mans, vient d'être informée que le soldat Gallas, disparu le 21 août, est prisonnier et interné au camp de Ratisbonne.

— On annonce de Bucarest (Roumanie) que le 11 juin, la douane en examinant 21 wagons neufs provenant d'Allemagne à destination de la Turquie, en a saisi 18 qui étaient à double fond et renfermaient des obus de 350 millimètres.

En Russie. — Les combats continuent sur les deux rives du Dniester. Pour soutenir l'armée austro-allemande qui a été rejetée le 10 juin sur la rive droite du Dniester l'ennemi a entrepris une offensive sur les deux rives de la Tysménica mais il a été refoulé.

Dans la journée du 11 juin, les Austro-Allemands se sont approchés à nouveau du Dniester, ils ont commencé à passer le fleuve sur le front Nezwiska-Zaleszczki. Le 12 juin, la cavalerie russe a exécuté une charge contre les éléments qui avaient traversé le fleuve, près de la ville de Zaleszczki, elle a sabré 500 ennemis et fait 200 prisonniers.

On annonce de Pétrograd que le croiseur turc *Medjidieh* qui avait coulé devant Odessa a été renfloué, il va faire partie de la flotte russe sous le nom de *Amiral-Korniloff*.

En Turquie. — On annonce d'Athènes que la flotte alliée qui opère dans les détroits a été considérablement renfor-

cée par suite de l'entrée en scène de l'Italie qui nous a
relevé de la garde de l'Adriatique.

On vient d'apprendre à Paris la mort du général Ganeval,
tué dans un récent combat, aux Dardanelles.

En Italie. — Les troupes italiennes poussent vigoureusement leur offensive contre Goritz, la ville est attaquée par
les côtes ouest et nord-ouest et les obus atteignent les faubourgs.

Le ministre de la guerre a autorisé le commandant militaire de Bologne à accepter 20.000 masques de protection
contre les gaz asphyxiants qui lui ont été offerts par un
comité.

Documents historiques, récits et anecdotes

NOS ALLIÉS ANGLAIS. — *Le concours de leur armée, jusqu'ici nécessairement restreint, ira toujours en se développant.* — Bien qu'aucun chiffre officiel n'ait été publié, personne n'ignore que le nombre de soldats anglais actuellement en France atteint un chiffre imposant; comment se
fait-il que malgré leur nombre ils occupent un front si peu
étendu?

Une remarque tout d'abord s'impose: de Belfort à Dunkerque, le front est loin d'avoir dans tous ses secteurs la
même densité; deux secteurs d'égale longueur peuvent être
occupés ici par un régiment, là par un corps d'armée; vouloir mesurer l'effort à la longueur du front occupé serait
manifestement absurde. Toutes réserves faites sur ce point,
il n'en est pas moins incontestable que par rapport à ses
effectifs, le front de l'armée anglaise n'est pas bien large;
les raisons en sont multiples.

Il ne faut pas oublier en premier lieu que la proportion
des non-combattants dans l'armée anglaise actuelle est
relativement très élevée, et voici pourquoi: l'armée anglaise
sur le continent n'est en réalité qu'une ligne avancée; au
fur et à mesure que les usines fournissant le matériel de

guerre augmenteront leur production, des armées de plus en plus nombreuses débarqueront sur le continent; or à ces armées il faudra des bases, des dépôts, des parcs d'approvisionnements de toutes sortes, des hôpitaux, etc. Fallait-il attendre pour les organiser l'arrivée des armées elles-mêmes? Les autorités anglaises ont au contraire estimé préférable de les organiser dès maintenant; il en résulte que la portion des non-combattants de l'armée anglaise actuellement en France est très sensiblement supérieure à la normale, une bonne partie de ces services auxiliaires se rattachant en fait non pas aux armées en campagne, mais à des armées qui sont encore en Angleterre.

Enfin, et c'est sans doute la raison principale, si l'armée anglaise ne peut occuper un front plus étendu, c'est qu'actuellement, comme ne l'ont que trop clairement mis en lumière les incidents qui ont précédé la récente crise ministérielle, son artillerie ne dispose pas d'approvisionnements suffisants. Ces révélations ont causé en France quelque surprise.

Ces retards tiennent à des causes générales: la fabrication du matériel de guerre, notamment du matériel d'artillerie de campagne et de ses munitions, est une industrie extrêmement spéciale, exigeant dans le travail une minutie, une précision tout à fait particulières. Or, depuis des années, en dehors du matériel naval, la fabrication des armes de guerre était fort réduite.

Ingénieurs et ouvriers anglais sont heureusement tenaces, et ces difficultés du début sont aujourd'hui surmontées; mais ce n'est que petit à petit que la situation sur le front pourra s'en ressentir.

Dépêches officielles
Premier Communiqué

Pendant toute la nuit, la canonnade n'a pas cessé dans la région au nord d'Arras. Nous nous sommes emparés de la

station de la voie ferrée à Souchez. Dans la partie sud du
« Labyrinthe », lutte opiniâtre à coups de grenades. Malgré
les efforts acharnés de l'ennemi, nous avons maintenu tous
nos gains des jours précédents.

Sur le reste du front, nuit calme.

Deuxième Communiqué

Dans le secteur au nord d'Arras, violent combat d'artillerie. Dans l'après-midi, nous avons attaqué la crête située au
nord de la sucrerie de Souchez, très puissamment organisée
par l'ennemi. Cette crête a été enlevée d'assaut; nous nous
y sommes organisés et maintenus, malgré un intense bombardement.

Nous avons attaqué ce matin, au sud-est d'Hébuterne, les
tranchées allemandes voisines de la route de Serre à Mailly-
Maillet; notre infanterie a enlevé d'un seul élan les trois
lignes ennemies et atteint ses objectifs, en faisant plus de
100 prisonniers appartenant à quatre régiments différents,
dont le 170e. Les prisonniers ont déclaré qu'au cours des
combats des derniers jours, nous avons infligé aux troupes
allemandes des pertes très fortes; certaines unités de contre-attaques ont été anéanties dès leur formation.

Dans la journée, l'ennemi a tenté une contre attaque que
nous avons aussitôt arrêtée. Notre artillerie a provoqué
dans Puisieux une très forte explosion suivie d'un incendie et d'une panique que nous avons aggravée par notre tir.

Les Allemands ont tenté de reprendre les tranchées conquises par nous au sud de la ferme de Quennevières (est
de Tracy-le-Mont). Ils ont été complètement repoussés et,
en les poursuivant, nous avons progressé. Soissons a été
alors bombardé (120 obus).

Sur le reste du front, rien à signaler.

14 JUIN 1915

Succès des Belges aux abords de Dixmude. — Progrès français à Emberménil et à la forêt de Parroy. — Les Italiens occupent le défilé de Valentina.

Situation des armées sur le front occidental

Les nouvelles parvenues hier d'Amsterdam au sujet d'une offensive de l'armée belge sont exactes, elles sont confirmées par les communiqués français et belges. Le communiqué français ne parle que d'une action sur la rive droite de l'Yser, au sud du pont du chemin de fer de Dixmude, le communiqué belge est plus détaillé, il dit: « Au cours de la nuit du 12 au 13 juin, nous avons exécuté des actions offensives sur tout le front et nous avons procédé à des tirs d'artillerie efficaces. D'autre part, nous avons poussé des détachements sur la rive droite de l'Yser et sur Dixmude. Un de nos détachements a occupé et détruit un blockhaus allemand. Le 13, l'ennemi a essayé de réoccuper ce poste, il a été dispersé par le feu de nos mitrailleuses. »

De Londres, on annonce que les troupes belges avancent avec succès au nord et au sud de Nieuport, quoique les Allemands aient transporté des renforts dans la région menacée.

On prétend qu'il est manifeste que les Allemands préparent une grande bataille dans les Flandres, peut-être pour l'anniversaire de la bataille de Waterloo (18 juin). Gand et Bruges sont bondés d'infanterie comprenant en presque totalité des troupes fraîches arrivées les 11 et 12 juin.

Dans le secteur au nord d'Arras, les actions d'infanterie se continuent sans interruption. Dans l'après-midi du 13 juin, nous nous sommes emparés d'un ouvrage allemand à l'est de Notre-Dame-de-Lorette; nous avons été obligés d'abandonner le terrain conquis dans la matinée en avant et au nord de la sucrerie de Souchez. Dans la journée du 14, nous avons progressé à nouveau à l'est de Lorette et dans le Labyrinthe.

Au sud d'Arras, nous avons repoussé une attaque allemande sur la route de Serre à Mailly; sur l'Aisne, à Quennevières, nous avons progressé un peu.

Dans une autre région dont il n'avait pas été question depuis quelques jours, en Lorraine, nous avons porté nos lignes en avant à Emberménil et à la forêt de Parroy. Le communiqué ajoute que dans cette région notre progression se produit sans interruption. F. B.

Nouvelles diverses publiées par les journaux

— On annonce la mort en Afrique occidentale française de M. William Ponty, gouverneur de cette colonie.

— On apprend que le sénateur belge de Courtrai, M. Devenne vient d'être condamné à 2 ans de prison et 25.000 francs d'amende pour avoir dit à des officiers allemands logés chez lui que les journaux anglais venaient de lui apprendre que la situation des troupes du Kaiser n'était pas aussi brillante que cela.

— Le maréchal Putnik, commandant en chef de l'armée serbe, vient d'être décoré de la médaille de la valeur militaire par le roi des Belges.

— Cinq avions allemands ont réussi, malgré une violente canonnade, à jeter 25 bombes environ sur Lunéville, d'une très grande hauteur. Elles ont causé des dommages matériels mais il n'y a pas eu de victimes.

— Le vapeur anglais *Hopemounl* a été coulé à coups de canon par un sous-marin allemand, le 12 juin.

— Le chooner français *Diamant* qui allait de Saint-Malo à Swansca a été coulé le 13 juin par un sous-marin allemand au large de Pendeer (Cornouailles)

— On annonce que l'ancien président du conseil italien, M. Giolitti, a l'intention de passer ses vacances à Pau.

En Russie. — Il résulte des communiqués russes que les Allemands dessinent une double offensive contre les Russes. Ils menacent Lemberg par le Dniester et Varsovie par la Bzoura, on croit même qu'après la défaite de l'armée du général Mackensen sur le Dniester, défaite qui coûta aux Austro-Allemands 15.000 tués et autant de prisonniers la principale offensive serait dirigée sur Varsovie.

On apprend qu'un troisième prince de la maison de Saxe-Meiningen, le baron Ernest de Saalfeld, a été tué en Prusse orientale.

En Turquie. — Des nouvelles de la presqu'île de Gallipoli disent qu'un combat acharné a eu lieu dans le secteur de Maïtos où les troupes alliées ont livré cinq furieuses attaques et se sont emparées des hauteurs dominant Maïtos.

La flotte alliée a bombardé dernièrement le quartier général turc.

Deux torpilleurs français, ayant appris que le port de Tchéchmeh servait de base à des sous-marins allemands, le bombardèrent pendant 40 minutes. Tous les voiliers se trouvant dans le port ont été coulés.

En Italie. — Une grande bataille est engagée sur la route de Goritz. Deux des forts qui protègent la ville au nord et au nord-ouest ont été démolis par l'artillerie italienne.

Documents historiques, récits et anecdotes

COMMENT LES TURCS PRÉPARÈRENT LEUR RÉSISTANCE. — Comme preuve de l'effort considérable qu'ont fait les Turcs pour essayer d'empêcher le débarquement des alliés aux Dardanelles, l'ordre du jour suivant, trouvé sur un de leurs officiers tué dans la nuit du 1er au 2 mai est décisif:

« 1-2 mai: 1° Cette nuit, il faut vous préparer à attaquer l'ennemi.

« 2° Vous devez le repousser malgré son feu meurtrier et le poursuivre ferme, il le faut absolument.

« 3° A dix heures, toutes nos forces attaqueront pour rejeter l'ennemi à la mer. C'est de cette façon que nous obtiendrons la victoire.

« 4° Pour l'attaque de cette nuit, les sacs devront être enlevés. Les troupes porteront la capote et devront gagner du terrain en rampant et en se dissimulant le plus possible.

« 8° Il faut absolument « *vouloir* » pour pouvoir repousser l'ennemi. Si même on a des revers, il ne faut pas se laisser abattre, mais aller de l'avant quand même.

« 10° Avant l'attaque face à face, vous devrez bien repérer les tranchées ennemies et tendre par précaution devant vos tranchées des réseaux de fils de fer.

« 11° Au retour de nos patrouilles de reconnaissance, avant de pénétrer dans notre division, vous devrez vous servir de notre mot d'ordre, qui est: « Sultan Osman ». Ce mot d'ordre doit être donné cette nuit: d'abord le mot sultan, et ensuite le mot Osman, qui sera employé comme signal. Toutes les troupes devront être mises au courant de cette façon de procéder.

« 18° Afin d'anéantir les troupes, le matériel ainsi que le débarcadère des ennemis, il faudra employer du pétrole.

« 19° Dès que vos pointes d'avant-garde apercevront les positions et batteries ennemies, elles devront le signaler à coups de revolver. Si l'avant-garde envoyée allume deux feux rouges, on devra cesser immédiatement le combat.

« 20° Pour donner du courage aux troupes en vue de la victoire finale, les ismans (aumôniers militaires musulmans) de chaque bataillon marcheront en avant.

« 23° Tous ceux qui reculeront seront fusillés, ainsi que ceux qui auront peur. Les troupes seront autorisées à tirer sur les défaillants, sans ordre spécial.

« *Pour le commandant de la 1re brigade*:

« Colonel SOLIMAN.

« *Le commandant du 19e bataillon*:

« Lieutenant-colonel HAMIDI. »

LES OPÉRATIONS AUX DARDANELLES. — Après le débarquement des troupes anglo-françaises dans la péninsule de
Gallipoli, les opérations ont été fort actives sur tout le front,
allant du golfe de Saros au détroit des Dardanelles. Les
troupes alliées ont d'abord repoussé une série d'attaques
prononcées avec la dernière violence par un ennemi brave
et déterminé (combat du 28 avril, du 2 et 4 mai).

Puis, elles ont pris l'offensive sur tout le front du 6 mai,
afin de gagner vers l'intérieur une zone de terrain suffisante
pour établir les bivouacs et mettre les plages de débarquement à l'abri du tir de l'artillerie ennemie. Cette seconde
période a duré trois jours (6, 7, 8 mai), et le résultat cherché a été obtenu après une action très vive dans l'après-
midi du 8.

Depuis le 8 mai, et plus particulièrement pendant la dernière quinzaine de mai, les opérations ont changé de caractère. Les attaques générales ont fait place à une progression
plus lente, préparée avec soin et conduite méthodiquement.
Le terrain a été gagné au fur et à mesure de manière à
rendre nos positions inexpugnables, à permettre à l'infanterie sans cesse sur la brèche depuis le 25 avril de se
reposer et au corps expéditionnaire de se renforcer des
unités nouvelles envoyées de la métropole.

La nature du terrain impose ici aux troupes une tâche
très difficile. La partie méridionale de la presqu'île de
Gallipoli jusqu'à hauteur de Kilid-Bahr, où l'étranglement
du détroit et les ouvrages des deux rives barrent le passage
à la flotte, présente la forme d'un triangle. La base du
triangle, entre Kaba-Tepe et Kilir-Bahr mesure 11 kilomètres et du cap Helles à cette base la distance est de 18 kilomètres. A mi-chemin, soit à 9 kilomètres, se dresse le pic
d'Achi-Babi, haut de 250 mètres, dont les contreforts cons-
tituent à travers la péninsule une position défensive très
puissante. Le terrain en avant d'elle est en pente douce; le
feu de l'infanterie et de l'artillerie peut le balayer comme
un glacis de forteresse.

C'est là le champ de bataille où le corps expéditionnaire opère depuis six semaines. L'étroitesse du front ne donne aucune possibilité de manœuvre. Tous les ouvrages de l'adversaire doivent être attaqués et enlevés par une attaque directe. Les conditions de la lutte rappellent celles de Torès-Vedras en 1810, et de Tchataldja il y a deux ans, mais la bande de terre est encore plus resserrée. Les Turcs ont solidement organisé la résistance. La région entière est hérissée de retranchements profonds, flanqués de mitrailleuses, précédés de réseaux de fils de fer ou de ronces artificielles. Une série d'ouvrages de ce genre ne peut être enlevée d'un élan; elle doit faire l'objet d'offensives graduelles avançant de point d'appui en point d'appui.

Pendant la seconde quinzaine de mai, les efforts des deux partis dans la portion des lignes voisines d'une série de retranchements creusés par les Turcs en avant du ravin de Kereves-Dédé. Une redoute avancée, dite redoute Bouchei, du nom du capitaine d'infanterie coloniale tué sur le parapet de l'ouvrage, est tombée entre nos mains dès le 8 mai, et tous les efforts des Turcs pour la reprendre ont échoué avec des pertes considérables pour eux.

Dès que notre position a été consolidée sur ce point, nous avons préparé l'occupation d'un fortin établi à l'extrême gauche de la ligne adverse.

Dans la nuit du 28 au 29, un régiment colonial est chargé d'enlever le fortin. Le terrain à franchir, entièrement à découvert, battu en tous sens par le feu de mousqueterie et de mitrailleuses des positions turques, ne permet pas de tenter une attaque normale, qui eût exigé d'énormes sacrifices. Il faut réussir par un coup de main. En conséquence, le plan suivant est adopté: une section franche, composée de 34 Européens et de 32 Sénégalais, tous volontaires, sous les ordres d'un sous-lieutenant, reçoit l'ordre de sortir, homme par homme, de notre retranchement de première ligne, et de se glisser en rampant jusqu'aux abords du fortin, de se rassembler, puis de s'y jeter à l'improviste, sans rer un coup de fusil. Deux pelotons, l'un à droite, l'autre à gauche, doivent sortir de nos tranchées dans les mêmes conditions, mais s'arrêter à moitié chemin, prêts à recueillir la section franche en cas d'échec, et à l'appuyer en cas de succès.

Le temps est très beau; la lune pleine, avec cette circonstance heureuse que légèrement basse sur l'horizon, elle projette sa lumière dans les yeux des Turcs, favorisant le mouvement. La section franche l'entame à vingt et une heures; les deux pelotons une heure plus tard. A vingt-trois heures quarante-cinq, la section franche, parvenue près du fortin saute par-dessus le parapet. Les Turcs, surpris, déchargent leurs armes, puis s'enfuient, les uns vers leur seconde ligne de tranchées, les autres vers le ravin de Kereves-Dédé. Grâce à la rapidité de l'assaut, nous n'avons qu'un sergent et deux hommes blessés. Le sergent, quoique gravement atteint à l'épaule droite, refuse de se laisser évacuer ou même panser.

Sitôt le fortin pris, les travaux d'aménagement commencent. Un gradé et huit sapeurs du génie, adjoints à la section franche, retournent les dispositifs de défense contre l'ennemi. Les Turcs tentent deux contre-attaques, facilement repoussées par la section franche et les deux pelotons qui l'ont rejointe. A la pointe du jour, nos unités sont abritées, mais pendant l'exécution des travaux un lieutenant est tué d'une balle à la tête, et plusieurs hommes sont blessés.

Ainsi, cette opération a eu un plein succès, dû à la marche habile de la section franche et du détachement de soutien, à la bravoure et l'entier dévouement dont les troupes ont fait preuve. Elle est d'un excellent augure pour les attaques de plus grande envergure que le corps expéditionnaire entreprendra ultérieurement.

Dépêches officielles
Premier Communiqué

Rien d'important à ajouter au communiqué d'hier soir.

Les troupes belges ont jeté un bataillon sur la rive est de l'Yser, au sud du pont du chemin de fer de Dixmude, et se sont organisées sur le terrain gagné. Elles ont détruit un blockhaus ennemi aux abords du Château de Dixmude.

Dans le secteur au nord d'Arras, diverses actions d'infanterie se sont engagées en fin de journée. L'une nous a rendus maîtres d'un ouvrage allemand à l'est de Lorette; l'autre nous a fait perdre, sous un violent bombardement, une partie des tranchées conquises par nous dans l'après-midi au nord de la sucrerie de Souchez.

Sur le reste du front, rien à signaler.

Deuxième Communiqué

Dans le secteur au nord d'Arras, nous avons repoussé, dans la nuit de dimanche à lundi, plusieurs attaques contre nos tranchées de la route Aix-Noulette-Souchez, consolidé les positions conquises par nous à l'est de Lorette, gagné à droite de ces positions 150 mètres environ et progressé dans la partie sud-est du « Labyrinthe ». La lutte d'artillerie a été dans ce secteur à peu près continue.

Au sud-est d'Hébuterne, nous avons arrêté par un tir de barrage une attaque contre nos tranchées de la route Serre-Mailly-Maillet; l'échec ennemi a été suivi d'un violent bombardement.

Dans la région de la ferme Quennevières, nous avons légèrement progressé dans les boyaux et dans les sapes et infligé des pertes sérieuses aux reconnaissances ennemies; la lutte d'artillerie a été toute la journée assez vive.

En Lorraine, nous avons porté nos lignes en avant dans la région d'Emberménil et de la forêt de Parroy; notre progression dans ce secteur se poursuit sans interruption.

Le 29e fascicule paraîtra incessamment
Réclamer les fascicules précédents

ÉVREUX. — IMP. TH. MARTIN

www.ingramcontent.com/pod-product-compliance
Lightning Source LLC
LaVergne TN
LVHW021722080426
835510LV00010B/1088

HISTORIQUE
○ DE LA ○
GUERRE

Fascicule n° 27

PAR

Ferdinand BAUDOUIN

Ancien Officier de Réserve

e paix à Ruffec, Maire de Couture-d'Argenson (2-Sèvres)

Officier de l'Instruction Publique

HISTORIQUE

DE

LA GUERRE

PAR

Ferdinand BAUDOUIN

Ancien Officier de réserve,
Juge de Paix à Ruffec, Maire de Couture-d'Argenson,
Officier de l'Instruction Publique.

VINGT-SEPTIÈME PARTIE

Les combats continuent au nord d'Arras.
L'Italie déclare la guerre à l'Autriche.
Des avions allemands jettent des bombes sur la banlieue de Paris.
Les Russes reprennent l'offensive sur le Dniester.
Nouveaux progrès sur les pentes de Notre-Dame-de-Lorette.
Le cuirassé anglais « Majestic » est coulé par un sous-marin dans les Dardanelles.
Les Italiens occupent Grado à la frontière du Frioul.
Prise d'Ablain-Saint-Nazaire par les Français.
Progrès des Français au nord de Pilken (Belgique) et au Labyrinthe (secteur d'Arras).
Un dirigeable italien bombarde Pola (Autriche).
Les combats continuent dans la presqu'île de Gallipoli.
Nouveau bombardement de Reims par les Allemands.

NIORT

IMPRIMERIE TH. MARTIN

Rue Saint-Symphorien

1915

HISTORIQUE DE LA GUERRE

22 MAI 1915

Les combats continuent au nord d'Arras. — Un avion allemand jette huit bombes sur Paris. — Le centre russe de Galicie se replie devant des forces considérables.

Situation des armées sur le front occidental

Les combats se poursuivent sans interruption sur les fronts anglais et français, d'Ypres à Arras. Les troupes alliées continuent leur offensive et résistent victorieusement aux contre-attaques allemandes. Le maréchal French communique que malgré le mauvais temps, les Anglais ont progressé à l'est au sud de la Quinque-Rue, cherchant à s'emparer, par des combats locaux, de certains points stratégiques qui sont encore en possession de l'ennemi. Les correspondants militaires anglais constatent une grande activité dans les lignes allemandes de la région de La Bassée où l'ennemi a reçu d'importants renforts depuis 24 heures.

Ils annoncent également que les combats ont repris, avec une extrême violence, entre Ypres et Dixmude, particulièrement aux environs d'Het-Sas et de Bœsinghe. Il n'y aurait rien d'extraordinaire à ce que les Allemands n'aient pas encore renoncé définitivement à leur offensive sur Ypres et à ce qu'ils emploient tous leurs efforts à arrêter nos troupes qui les rejettent peu à peu sur les positions qu'ils occupaient avant leur attaque du 23 avril.

Dans le secteur au nord d'Arras, nous avons procédé hier, dit le communiqué officiel, au *nettoyage* des tranchées de la Blanche-Voie. Ce nettoyage a consisté paraît-il à tuer les Allemands qui occupaient encore les boyaux de communication et à faire prisonniers ceux qui préféraient se rendre. La chasse a été fructueuse mais on ne connaît pas encore le nombre des prisonniers.

Dans la nuit du 21 au 22 mai, nous avons repoussé de nombreuses contre-attaques allemandes contre nos nouvelles positions de la Blanche-Voie, de Neuville-Saint-Vaast et de la chapelle de Notre-Dame-de-Lorette.

Malgré un bombardement allemand très violent auquel nous avons répondu victorieusement, nous avons réalisé quelques progrès dans la partie nord d'Ablain-Saint-Nazaire. Somme toute, nos progrès dans cette région continuent malgré la résistance ennemie.

F. B.

Nouvelles diverses publiées par les journaux

— Aujourd'hui, 22 mai, vers 7 heures du soir, un avion allemand, maquillé en avion français, et volant à une très grande hauteur, afin d'échapper à la surveillance des avions du camp retranché, a survolé Paris et jeté huit bombes qui n'ont causé aucun accident de personnes et des dégâts matériels insignifiants.

— On télégraphie de Londres que ce matin, 22 mai, vers 6 heures, une terrible catastrophe de chemin de fer s'est produite à Gretna, près de Carlisle. Deux trains, dont un train militaire, se sont télescopés et un troisième train, l'express de Londres à Glasgow, arrivant à toute vitesse au moment de l'accident, a heurté les wagons, les réduisant en miettes. On compte plus de 150 morts et de nombreux blessés.

— Le voilier anglais *Glenholm* revenant du Chili, a été coulé, le 21 mai, par un sous-marin allemand.

— D'après une lettre parvenue de La Haye, une nouvelle explosion s'est produite tout récemment à l'école de pyrotechnie d'Anvers, où travaillent des soldats allemands. Sept officiers et treize soldats ont été tués et trente ont été blessés.

— Le gouverneur de Toulon a remis, le 21 mai, la croix de la Légion d'honneur, au plus jeune aspirant de marine, M. Plumejeaud, âgé de 19 ans, élève-officier. Il était aux côtés de l'amiral Biart et du commandant Fournier lors de l'attaque des Dardanelles. Il fut blessé au visage, mais il demeura à son poste.

En Russie. — La poussée des troupes austro-allemandes sur le front galicien a un peu faibli, leur artillerie ne fait plus une aussi grande consommation de munitions. Sur la rive gauche du San et depuis la Vistule, les troupes russes ont pris l'offensive et enlevé plusieurs villages. Dans la région de Przemysl aucun changement n'est signalé.

Le général russe Korniloff, commandant la 48e division, qui s'illustra pendant la retraite de Dukla a été fait prisonnier.

En Turquie. — Les forces franco-anglaises continuent à avancer dans la presqu'île de Gallipoli. Elles se dirigent de trois côtés vers les positions de Krithia dans le but d'envelopper les Turcs.

Le blocus de Smyrne continue.

En Italie. — Le décret de mobilisation générale des armées de terre et de mer a été affiché ce soir, 22 mai, à 6 heures, dans toute l'Italie. La mobilisation commencera cette nuit, à minuit. L'état de guerre est proclamé dans les provinces de la frontière austro-italienne à partir du 23 mai.

Documents historiques, récits et anecdotes

A GALLIPOLI. — *Une bataille de trois jours.* — Le correspondant spécial du *Times*, qui vit se dérouler sous ses

yeux une bataille de trois jours dans la presqu'île de Gallipoli, en publie un récit dont nous extrayons un passage:

Il s'agissait de s'emparer de la hauteur d'Achi-Baba, qui
projette deux éperons, l'un sur le golfe de Saros, l'autre sur
le détroit.

La route de Krithia partage la position en deux parties;
celle de gauche était occupée par les Anglais; celle de
droite, s'appuyant aux Dardanelles, par les Français. Les
canons des escadres balayaient de leurs feux les positions
turques et pas un mètre de terrain ne resta indemne. Mais
l'ennemi était si bien retranché qu'il put résister à la trombe
infernale qui s'abattit sur lui.

Au bout d'un quart d'heure de ce feu rapide, vomi par
les navires et les batteries de terre, une avance générale
eut lieu à notre aile gauche. Les 87e et 88e brigades anglaises
allèrent de l'avant à travers la brousse, jusqu'au sommet
de la Donga et au centre vers la route de Krithia. Mais ils
avaient à peine quitté l'abri de leurs tranchées, que l'infanterie turque, restée jusqu'à ce moment-là absolument tran-
quille, ouvrit un feu terrible.

Pendant ce temps-là, à l'aile droite, les Français étaient
restés au repos toute la matinée, mais sur le coup de midi,
leur artillerie recommença un furieux bombardement. A
3 heures de l'après-midi, il y eut une avance générale au
long des pentes vers la route de Maidos, tandis qu'à leur
gauche, l'infanterie coloniale allait de l'avant. Ce mouvement eut pour résultat le gain d'un terrain considérable.

A 4 heures 45 du soir, les Turcs engagèrent un nombre
considérable de canons contre les Français, couvrant de
shrapnells leurs tranchées avancées et balayant le terrain
de derrière, de façon à empêcher les renforts d'être amenés.
Les batteries françaises ripostèrent en canonnant furieusement les tranchées et la redoute turques, qui étaient le
principal obstacle à une nouvelle avance. Quoi qu'il en soit,
l'infanterie française poussa de nouveau en avant, mais fut
accueillie par une telle grêle de shrapnells que la ligne

oscilla, puis se rompit et recula jusqu'au bas de la colline. Le feu des Turcs était vraiment intolérable, et il était impossible de repérer leurs batteries cachées quelque part de l'autre côté d'Achi-Baba. La situation paraissait sérieuse et donnait à croire que tout le terrain gagné devrait être abandonné. Mais le général d'Amade envoya à la rescousse ses réserves, qui exécutèrent courageusement une contre-attaque et reprirent les tranchées abandonnées.

Quand la nuit vint, les Français se maintenaient obstinément sous le feu des canons de l'ennemi. A 5 heures du soir, tous nos canons concentrèrent leurs feux sur le bras droit d'Achi-Baba et sur le village de Krithia. A 6 heures 10 du soir, sur l'extrême gauche du rivage de la mer, de longues lignes de soldats en kaki semblèrent tout à coup émerger de la pointe de la grande Donga, pour exécuter une poussée en avant par un mouvement tournant derrière Krithia. Elles furent accueillies par une pluie de shrapnells venant des canons turcs, et pareille à celle que les Français avaient eu à supporter sur la droite. Mais ces grandes vagues kaki n'ondulèrent à aucun moment. L'une après l'autre, elles poussèrent en avant avec de grosses pertes, mais heureusement le tir des ennemis était trop long, de sorte que les blessures étaient légères. Cette avance sur la gauche gagna beaucoup de terrain et ne s'arrêta qu'à la nuit.

Dépêches officielles
Premier Communiqué

Nos troupes ont achevé hier, en fin de journée, le nettoyage des tranchées de la « Blanche-Voie ». De très nombreux Allemands ont été tués dans les boyaux de communication, les autres se sont rendus; on n'en connaît pas encore le chiffre exact.

Pendant la nuit, l'ennemi a plusieurs fois contre-attaqué. Il a été repoussé et a subi de grosses pertes. Tout l'éperon de la « Blanche-Voie » est entre nos mains.

Nous avons réalisé de nouveaux progrès au sud-est de la Chapelle de Lorette; nous sommes maintenant à cent mètres de la corne nord-est d'Ablain.

Deuxième Communiqué

Les troupes britanniques ont repoussé une forte attaque au nord de La Bassée et infligé à l'ennemi des pertes élevées.

Dans le secteur au nord d'Arras, l'ennemi a bombardé nos positions avec une extrême violence; notre artillerie a riposté avec succès.

Nous avons, malgré ce bombardement, conquis quelques nouvelles maisons dans la partie nord d'Ablain et fait des prisonniers.

Nous avons d'autre part, au nord de Neuville, arrêté net par notre feu une tentative d'attaque ennemie.

Sur le reste du front, rien n'a été signalé.

---

23 MAI 1915

Nouveaux progrès des Anglais à l'est de Festubert. — Un sous-marin anglais coule deux torpilleurs et deux transports turcs dans les Dardanelles. — L'Italie déclare la guerre à l'Autriche.

Situation des armées sur le front occidental

Les combats paraissent avoir recommencé sur la rive est du canal de l'Yser et le communiqué d'aujourd'hui 15 heures nous annonce qu'une offensive allemande s'est produite pendant la nuit du 22 au 23 mai contre nos positions au nord d'Ypres. L'attaque a été repoussée par le feu de nos canons et de nos mitrailleuses avant qu'elle ait atteint nos lignes.

L'armée britannique, après un violent combat d'artillerie, qui durait depuis le 21 au soir, a prononcé une attaque à l'est de Festubert et a réalisé des progrès.

Les actions les plus importantes se déroulent toujours au nord d'Arras, sur les pentes du plateau de Notre-Dame-de-Lorette. Nous ne sommes pas encore maîtres de la totalité du terrain qui domine la plaine de Lens mais il est certain que l'ennemi sera bientôt chassé des dernières positions qu'il tient encore.

Les Allemands ont contre-attaqué vigoureusement dans la nuit du 22, au nord-est et au sud-est de la chapelle de Notre-Dame-de-Lorette mais il leur a été impossible d'arriver jusqu'à nos lignes. Ils ont contre-attaqué également à Neuville-Saint-Vaast, mais sans succès.

Dans la matinée du 23, nous avons pris l'offensive sur l'ensemble du front et nous avons progressé au nord-est de la chapelle de Notre-Dame-de-Lorette et dans le village de Neuville-Saint-Vaast.

La première partie de notre offensive dans cette région, paraît être en bonne voie d'exécution, quoiqu'elle ait subi un retard par suite des journées de pluie du commencement de la semaine écoulée et nous aurons bientôt atteint la limite du plateau qui domine Vimy.

Les communiqués parlent également d'une forte attaque allemande qui s'est produite en Argonne dans la soirée du 22 mai, à la suite d'une explosion de mines. Un violent combat d'infanterie s'est engagé et l'ennemi, après avoir subi des pertes sérieuses, a été rejeté dans ses lignes.

F. B.

Nouvelles diverses publiées par les journaux

— Le général d'Amade, de retour des Dardanelles, a quitté Toulon aujourd'hui, se rendant à Paris.

— Le roi des Belges vient de conférer à lord Kitchener le grand cordon de l'ordre de Léopold.

— Le chalutier anglais *Angelo* a été coulé le 21 mai, dans la mer du Nord, on croit qu'il a heurté une mine.

— Un avion allemand a survolé Château-Thierry aujourd'hui, 23 mai, à midi, il a jeté trois bombes, l'une d'elles a fait une victime.

— On apprend de Bruges que lors du dernier raid des avions alliés sur cette ville, dix soldats allemands ont été tués et une grande quantité blessés.

— Des aviateurs alliés ont réussi à détruire le pont de chemin de fer de la Scarpe, à Douai. Le trafic en arrière du front allemand est complètement bouleversé.

— On vient d'apprendre que M. Trépont, préfet du Nord, et son secrétaire-général, M. Borromée, ont été emmenés prisonniers en Allemagne, ils sont internés à Glatz (Silésie).

— On télégraphie d'Athènes que l'état de santé du roi de Grèce s'est aggravé, à la suite d'une ponction qui lui a été faite. La fièvre a augmenté et on prévoit qu'une opération chirurgicale sera nécessaire. Un professeur de Berlin a été appelé télégraphiquement.

En Russie. — Des combats acharnés continuent sur le front russe et principalement en Galicie occidentale où la bataille fait rage. Guillaume II commande en personne.

En Turquie. — On annonce officiellement qu'aux Dardanelles, deux divisions turques, commandées par Liman von Sanders ont attaqué les troupes anglaises à Kala-Tépé. Elles ont été repoussées avec de très grosses pertes.

Le sous-marin anglais *E-14* a coulé dans la mer de Marmara deux torpilleurs turcs et deux transports chargés de troupes. Le nombre des soldats noyés est de 4.000.

Un des régiments turcs de la garnison de Smyrne s'est

soulevé, un grand nombre d'officiers et de soldats ont cherché refuge à bord des navires alliés qui croisent devant la ville.

En Italie. — M. Sonnino, ministre des affaires étrangères a notifié aux puissances la déclaration de guerre de l'Italie à l'Autriche.

Le ministre de la guerre français a aussitôt télégraphié cette décision au général Joffre et au général Gouraud.

Depuis ce soir, 23 mai, un croiseur français est devant le port de Gênes pour empêcher toute tentative de fuite des navires austro-allemands réfugiés dans le port.

Documents historiques, récits et anecdotes

COMMENT L'ITALIE A ÉTÉ AMENÉE AUX CÔTÉS DE LA FRANCE. — Il est possible de dire maintenant que l'Italie est aux côtés de la France, à qui est dû ce résultat.

Le public français a pu craindre, il y a dix mois, que l'Italie, entraînée par ses alliances, n'en arrivât à combattre contre la France. Or, une pareille hypothèse était inadmissible. En effet, dès 1902, M. Barrère, ambassadeur de France, avait obtenu du gouvernement italien, grâce aux efforts personnels du roi, une modification essentielle au traité qui liait l'Italie à l'Allemagne et à l'Autriche. Dès cette époque, il était stipulé formellement que jamais, en ce qui concerne l'Italie, la Triple Alliance ne « jouerait » contre la France.

Ce fut là l'origine du rapprochement qui maintenant va unir les deux nations contre leurs ennemis communs. Cette œuvre-là est celle de MM. Delcassé et Barrère; c'est la ferme volonté de l'un, la tenace et habile patience de l'autre, qui ont eu raison, par la seule force de la franchise et de la loyauté, des misérables et maladroites intrigues allemandes.

La presse fut aussi le puissant auxiliaire de la politique latine. La presse, celle qui compte et qui a dans ce pays une influence considérable, s'employa avec énergie et violence

...uiser l'entreprise allemande et à favoriser de tout son
pouvoir l'œuvre de rapprochement entre l'Italie et la
France. C'est la presse italienne qui a convaincu le pays de
la réussite de la guerre, et les manifestations enthousiastes
ont été son œuvre.

Dépêches officielles
Premier Communiqué

L'ennemi a prononcé, au cours de la nuit dernière, entre
la mer et Arras, plusieurs contre-attaques. Il a été partout
repoussé et a subi des pertes fortes.

La première de ces tentatives s'est produite au nord
d'Ypres, à l'est du canal de l'Yser. Elle n'a pas réussi à
déboucher.

Deux autres ont visé le plateau de Lorette. Parties du
nord-est et du sud-est, elles n'ont pas pu arriver jusqu'à nos
lignes.

Deux autres se sont attaquées à nos positions de Neuville-
Saint-Vaast, dans le village, dans le cimetière et plus au
sud dans la région dite du « Labyrinthe ». Sur un seul
point, l'ennemi a pris pied un moment dans une de nos
tranchées avancées, mais il en a été chassé et a laissé entre
nos mains de nombreux prisonniers.

En Argonne, les Allemands ont fait exploser plusieurs
mines à proximité de nos positions et ont essayé, avec des
forces importantes, d'occuper les entonnoirs. Notre infanterie les a rejetés sur leur ligne de départ en leur infligeant
de grosses pertes sous une pluie de bombes et de grenades.
L'échec ennemi a été complet.

Deuxième Communiqué

Dans toute la région au nord d'Arras et à la suite des
échecs éprouvés par les Allemands au cours de la nuit dernière, les combats ont continué, en certains points, avec
une extrême violence.

L'armée britannique a réalisé des progrès à l'est de Festubert.

Au nord-est de la Chapelle de Notre-Dame-de-Lorette, nous avons avancé de plusieurs centaines de mètres et fait quelques prisonniers.

Au nord de Neuville-Saint-Vaast, nous avons enlevé une série de tranchées ennemies et atteint le carrefour au nord du village. Nous avons en outre conquis de nouveaux groupes de maisons dans le village même.

Rien n'a été signalé sur le reste du front.

*

Un avion ennemi a lancé trois bombes sur la ville ouverte de Château-Thierry.

---

24 MAI 1915

Des attaques allemandes au nord d'Ypres sont repoussées. — Nouveaux progrès des Français dans le secteur d'Arras. — Deux avions allemands jettent des bombes sur la banlieue de Paris.

Situation des armées sur le front occidental

Les actions importantes du 24 mai se sont déroulées de la mer du Nord à Arras; sur le reste du front il n'est rien signalé qui mérite de retenir notre attention.

Un important duel d'artillerie s'est engagé sur la ligne Nieuport-Ypres. Nous avons, de nos lignes, bombardé avec notre artillerie lourde les chantiers allemands de Reversyde.

Ces chantiers sont situés au sud-est d'Ostende; et à 25 kilomètres de l'emplacement où sont établies nos batteries, notre tir a été très efficace.

Des attaques allemandes, avec emploi de gaz asphyxiants, ont été prononcées contre nos troupes, entre Steenstraete et Ypres, elles ont été facilement repoussées.

Les troupes britanniques ont eu à subir une attaque de même nature, à l'est d'Ypres. Les Allemands ont d'abord occupé quelques tranchées anglaises, mais ces tranchées ont été reprises en partie et le combat continue. Sur un autre point du front anglais, au nord de La Bassée, nos alliés ont pris l'offensive et réalisé quelques progrès. Il est à remarquer qu'il se livre en ce moment de sérieux combats autour de La Bassée et que les résultats nous sont favorables. Après bien des hésitations, le bombardement de La Bassée a été décidé, cette mesure était nécessaire pour la destruction d'un poste d'observation allemand.

Dans la région au nord d'Arras, l'offensive des troupes françaises s'est continuée dans des conditions forcément lentes mais très satisfaisantes. Le combat livré hier au nord-est de la Chapelle de Notre-Dame-de-Lorette peut être considéré comme un beau succès. Les éléments allemands que nous avions à combattre ont été détruits dans une magnifique charge à la baïonnette. Dans la nuit du 23 au 24 mai et dans la matinée du 24, l'ennemi a prononcé des attaques furieuses, avec des forces élevées contre nos positions au nord de Neuville-Saint-Vaast, mais ces attaques ont été arrêtées par le feu de notre artillerie.

F. B.

Nouvelles diverses publiées par les journaux

— Le vapeur *Cormeric* de la Compagnie de secours belge, a failli être coulé par un sous-marin allemand, le 20 mai, la torpille lancée contre lui a passé à 20 mètres en avant

— Un sous-marin allemand a torpillé et coulé le vapeur

norvégien *Minerva* le 22 mai, à hauteur de Farne-Island. Le vapeur norvégien *Iris* qui s'était porté au secours du *Minerva* n'a échappé que par la fuite au sous-marin.

— Trois avions allemands ont fait le 23 mai une apparition sur la banlieue de Paris. Nos aviateurs les ont pris en chasse et les ont obligés à faire demi-tour. Aujourd'hui, 24 mai, vers six heures un avion allemand est venu par Lassigny jusqu'à Ressons-sur-Matz et Coudun. Pris en chasse, il a réussi à s'enfuir par Noyon.

— On apprend que M. Lebon, sous-préfet de Clermont (Oise), ancien lieutenant d'artillerie réintégré dans l'armée pour la durée de la guerre, a été tué le 15 mai aux environs d'Arras.

— On annonce que M. Bayet, ancien directeur de l'enseignement supérieur, qui s'était engagé à l'âge de 65 ans, vient d'être promu lieutenant sur le front.

— Le roi d'Italie vient de décorer le maire de Reims, pour services rendus par la municipalité de Reims à ses nationaux, lors de l'évacuation du bassin de Briey.

En Russie. — Le communiqué officiel de l'état-major russe fait connaître que l'offensive austro-allemande est partout arrêtée. En Galicie, où se livre la bataille la plus importante, les Russes ont progressé légèrement sur la rive gauche du San inférieur. Entre Przemysl et le grand marais du Dniester, les Austro-Allemands, malgré leurs nombreuses tentatives d'enfoncer le front russe entre Gousakow et Krukenika, n'ont pu arriver à aucun résultat.

En Turquie. — Les troupes alliées, après avoir repoussé les derniers assauts des Turcs, ont repris l'offensive. Une troisième colonne a été organisée, elle est composée de troupes françaises et opère dans la région de Boulaïr, vers Gallipoli.

En Italie. — L'ambassadeur d'Autriche, baron Macchio, a quitté Rome par train spécial, ce soir à huit heures. L'Allemagne a fait connaître qu'elle se solidarisait avec

...triche et son ambassadeur, le prince de Bulow est parti à neuf heures trente.

Les hostilités entre l'Italie et l'Autriche ont commencé, ce matin, à 3 heures. Un contre-torpilleur italien est entré dans le port autrichien de Buso, il a détruit l'embarcadère de la gare et a coulé les canots automobiles qui se trouvaient dans le port. Deux avions autrichiens ont jeté des bombes sur Venise.

Documents historiques, récits et anecdotes

LES EXPLOITS DE L'AVIATEUR POIRÉE EN RUSSIE. — Lors de la mobilisation générale, notre compatriote Poirée se trouvait à Pétrograd, où il s'était déjà fait acclamer. Le tsar et le maire de la capitale russe, un descendant du grand écrivain Léon Tolstoï, l'avaient félicité pour ses exercices de haute école aérienne.

Il profita de la faculté laissée aux Français de servir la Russie pour s'engager comme soldat aviateur dans l'armée de nos alliés, et depuis, il ne cessa de se distinguer et de prouver, par mille prouesses, son sang-froid et sa hardiesse.

Au début d'octobre 1914, après des opérations qu'il serait trop long de relater, le tsar lui décerna la croix militaire russe. Très peu de temps après, il était nommé sous-lieutenant sur le champ de bataille.

Un jour, les Russes avaient à jeter un pont sur la Vistule. Aussitôt, trois aéroplanes allemands viennent repérer l'endroit exact de la manœuvre et essayent de détruire le pont. Poirée s'envole et, par d'habiles feintes, force les aéroplanes ennemis à lui donner la chasse. Pendant ce temps, les Russes purent mener à bien la construction du pont que leurs troupes empruntent pour traverser le fleuve.

Après avoir descendu nombre de taubes, d'aviatiks, ainsi que des aéroplanes autrichiens, et fait maintes choses splendides, il gagne la croix et les médailles de l'ordre de Saint-Georges aux batailles de Soldau et Lotz.

Il y a quelques jours, après avoir chassé un Allemand à 2.000 mètres de hauteur, il le força à atterrir. Mais ce combat ayant eu lieu au-dessus des formations autrichiennes, l'aéroplane ennemi tomba dans ses lignes, au grand désespoir de Poirée. En 135 heures de vol, il jeta, et ce avec succès, 55 bombes, tout en recevant dans son appareil 35 balles et 5 éclats d'obus.

Le gouvernement français vient de le faire inscrire au tableau de la Médaille militaire comme « faisant le plus grand honneur à l'armée française ».

Poirée continue ses fructueuses randonnées.

On entendra parler encore de ce valeureux pilote, exemple, au dehors, de la bravoure commune à tous nos soldats.

Dépêches officielles
Premier Communiqué

Sur plusieurs points, entre Steenstraete et Ypres, l'ennemi a prononcé des attaques après avoir fait usage de gaz asphyxiants. Ces attaques ont été repoussées.

Dans la région au nord d'Arras, les combats ont continué toute la nuit. Nous avons fait cent vingt prisonniers. Au nord du village de Neuville-Saint-Vaast, l'ennemi a prononcé plusieurs contre-attaques qui ont été arrêtées par notre feu. La lutte d'artillerie se poursuit avec intensité.

Les nouveaux renseignements reçus font ressortir l'étendue de l'échec subi dans cette région par les Allemands pendant la soirée du 22 mai et la nuit du 22 au 23. Malgré l'importance des renforts amenés en toute hâte et la vigueur d'efforts renouvelés à deux ou trois reprises, l'ennemi a échoué dans toutes ses tentatives et subi des pertes considérables.

Rien n'a été signalé sur le reste du front.

Deuxième Communiqué

Entre Nieuport et Ypres, vif combat d'artillerie, provoqué par le tir efficace de notre artillerie lourde sur les chantiers de Raversyde (sud-est d'Ostende).

Au nord de La Bassée, les attaques des troupes britanniques ont réalisé de nouveaux progrès.

Au nord de Neuville-Saint-Vaast, les Allemands ont tenté une attaque avec des forces très importantes. Pris sous le feu de notre artillerie, ils ont été arrêtés net et ont subi de grosses pertes.

Les rapports complémentaires reçus aujourd'hui précisent l'importance de notre succès d'hier au nord-est de la chapelle de Notre-Dame-de-Lorette; nous avons, dans un combat acharné à la baïonnette, anéanti les éléments qui nous étaient opposés et pris plusieurs mitrailleuses.

Sur le reste du front, rien de nouveau.

---

25 MAI 1915

Nos troupes progressent au nord-ouest d'Angres et au fond de Buval. — Les Russes reprennent l'offensive sur le Dniester. — Les troupes italiennes pénètrent en Autriche.

Situation des armées sur le front occidental

Une attaque allemande s'est produite en Belgique, dans la région de Langemark, dans la matinée du 25 mai, cette attaque a été arrêtée au moment où elle tentait de déboucher sur la route de Langemarck à Ypres.

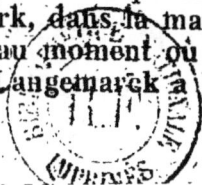

Sur le front anglais, d'Ypres à La Bassée, les attaques d'infanterie signalées hier ne se sont pas renouvelées mais le canon n'a pas cessé de tonner.

Dans le secteur d'Arras, la nuit a été très mouvementée, un formidable duel d'artillerie s'est engagé sur tout le front et les attaques allemandes se sont succédées sans interruption. Au nord de Neuville-Saint-Vaast nos troupes ont repoussé pendant la nuit quatre attaques consécutives.

A la levée du jour, nous avons repris l'offensive et toutes nos attaques ont été couronnées de succès.

Au nord-ouest d'Angres, nous avons occupé le saillant des Cornailles et un autre ouvrage puissamment fortifié par l'ennemi.

Sur la route de Souchez à Aix-Noulette et sur un front d'un kilomètre nous nous sommes emparés d'une tranchée qui gênait considérablement nos troupes par sa situation.

Sur la même route nous avons progressé dans le ravin du fond de Buval malgré l'organisation très forte de l'ennemi.

Enfin, nous avons gagné du terrain au sud-ouest de Souchez, dans la direction du château de Carleul.

Notre avance est lente en raison des difficultés presque insurmontables que nous rencontrons à chaque pas et de la possibilité dans laquelle s'est trouvé l'ennemi, pendant les quelques jours de répit que le mauvais temps nous a obligés à lui accorder, d'amener d'importants renforts sur sa ligne de défense.

Lorsque nous aurons enlevé quelques groupes de maisons et quelques villages qui tiennent encore, la route de Vimy et de Lens sera ouverte et notre avance devra être plus rapide.　　　　　　　　　　　　　　　　　　F. B.

Nouvelles diverses publiées par les journaux

— Un destroyer anglais a rencontré, flottant dans la mer du Nord, un aéroplane allemand qui a eu un accident de moteur. Les deux aviateurs ont été faits prisonniers, l'appareil a été détruit.

— Le vapeur suédois *Hernodia* a heurté une mine à l'est de Sœderarm. Un autre vapeur suédois *Goteborg* a échappé à un sous-marin allemand qui a tenté de le torpiller.

— Le vapeur norvégien *Stabil* a débarqué à Blyth plusieurs barils de pétrole qu'il a recueillis en mer à 130 milles du phare de Longstone. On prétend que ces barils proviennent d'un sous-marin coulé dans ces parages.

— Deux marins allemands viennent d'être arrêtés à Bordeaux sur le vapeur norvégien *Sunnina*. Ils s'étaient cachés dans la cale du navire lors de son passage à Ténériffe.

— Le Président de la République qui était parti de Paris le 23 au soir est rentré ce matin, après avoir visité les armées de Lorraine et des Vosges. Il a remis un certain nombre de décorations de la Légion d'honneur. Il a trouvé partout les troupes pleines de confiance et d'entrain.

— On annonce d'Athènes que l'état de santé du roi de Grèce ne s'améliore pas mais que, quoique cela, tout danger de mort paraît écarté.

En Russie. — La situation est stationnaire et les troupes allemandes paraissent épuisées du gros effort qu'elles ont produit pour leur offensive en Galicie occidentale. Tout fait prévoir que les Russes vont prendre l'offensive à leur tour et se dégager de l'étreinte austro-allemande, leurs deux ailes paraissent progresser d'une façon inquiétante pour l'ennemi. L'empereur Guillaume, qui dirigeait les opérations a quitté Jaroslaw dans la nuit du 22 mai, on prétend qu'il se rend à Breslau.

En Turquie. — Les troupes alliées continuent à progresser dans la presqu'île de Gallipoli malgré la résistance de l'armée turque.

La situation de Smyrne est critique et les Turcs eux-mêmes considèrent la chute de la place comme imminente.

En Italie. — Le siège du gouvernement va être transporté

à Florence et le roi assistera aux opérations militaires aux côtés du général Cadorna.

L'offensive italienne se prononce dans le Frioul et dans la Carniole, des troupes ont été débarquées à Porto-Buso.

En Roumanie. — L'opinion générale est que la Roumanie est maintenant au seuil de la guerre. Le gouvernement roumain négocie avec les alliés. Il règne un grand enthousiasme à Bucarest.

Documents historiques, récits et anecdotes

RANDONNÉE DE TAUBEN SUR PARIS. — *Une note officielle.* — Au jour, un biplan Voisin était en surveillance sur Paris, à 2.500 mètres. A partir de cinq heures, au reçu des coups de téléphone du gouvernement militaire de Paris, cinq appareils prennent successivement leur vol : un Maurice Farman, un deuxième biplan Voisin, un avion-canon Voisin et deux Nieuport. Puis un immense T en toile blanche était tendu sur le terrain du Bourget, le sommet du T dans la direction de l'avion ennemi, dès qu'il fut aperçu.

Le pilote du premier biplan Voisin entend la canonnade, aperçoit l'avion ennemi, se dirige sur lui et le poursuit jusqu'à Senlis sans pouvoir le rejoindre. Le pilote du Maurice Farman, qui planait au-dessus de Paris, à 3.000 mètres, en entendant la canonnade, revient sur Le Bourget, aperçoit le signal et part vers Senlis, mais ne voit pa l'ennemi.

Le deuxième biplan Voisin, étant au-dessus de la région nord de Paris et à 2,200 mètres, aperçoit l'avion ennemi à 1.000 mètres en avant et à 500 mètres au-dessus de lui, il va vers lui et son observateur ouvre le feu avec sa mitrailleuse. Il continue la poursuite de l'ennemi jusqu'à Senlis, mais sans réussir à l'abattre.

L'avion-canon Voisin, pendant qu'il prenait de l'altitude, aperçoit l'Allemand à une altitude supérieure. Il ouvre le feu à 1.000 mètres mais ne parvient pas à se rapprocher de son adversaire suffisamment pour rendre son tir efficace. Il abandonne la poursuite à 6 heures 5.

L'un des Nieuport, croisant au-dessus de Dammartin, à 2.800 mètres, a aperçu les éclatements des projectiles. Il a fait route aussitôt sur Fontenay-en-Parisis, pour couper la retraite de l'avion ennemi, mais n'a pu arriver à temps. Il a vu l'adversaire qui le doublait et l'a poursuivi jusqu'à Senlis sans le rejoindre.

Dans ce qui précède, il n'est question que du premier avion allemand; le deuxième, qui suivait le premier à dix minutes de marche, semble avoir fait demi-tour peu après avoir dépassé La Chapelle-en-Serval, sans doute constatant l'accueil qui était fait à son chef de file.

En résumé, les six aéros ont réussi, pour la plupart avec l'aide des points d'éclatement des obus, à trouver le premier avion ennemi, mais ils n'ont pu le rejoindre pour le combattre et le détruire.

Le taube qui a survolé ce matin la banlieue parisienne a lancé, au-dessus de Sarcelles, une bombe qui est tombée dans le jardin de M. Doizy, député des Ardennes.

Dépêches officielles

Premier Communiqué

Nuit assez agitée entre la mer et Arras.

En Belgique, à la suite d'un bombardement violent, une attaque allemande a tenté de déboucher sur la route de Langemark à Ypres. Elle a été arrêtée net.

Au nord d'Ablain, les Allemands ont attaqué deux fois. Ils ont été repoussés.

Au nord de Neuville, ils ont prononcé quatre attaques qui ont été arrêtées par le feu de notre artillerie.

L'ennemi, dans ces diverses tentatives, qui ont abouti pour lui à des échecs complets, a subi de grosses pertes.

Sur le reste du front, rien n'a été signalé.

Deuxième Communiqué

Au nord d'Arras, nos attaques d'aujourd'hui ont réalisé d'importants progrès.

Au nord-ouest d'Angres, en face de la fosse Calonne, nous avons enleve le saillant d'un gros ouvrage ennemi (ouvrage dit des Cornailles).

Dans la même région, nos troupes ont pris d'assaut un autre ouvrage allemand très puissamment fortifié.

Plus au sud, à l'est de la route d'Aix-Noulette à Souchez, nous avons enlevé, sur un front d'un kilomètre, la totalité d'une grande tranchée où l'ennemi résistait depuis quinze jours.

A l'ouest de la même route, nous avons très sensiblement progressé dans le ravin du fond de Buval, dont l'artillerie ennemie d'Angres nous avait jusqu'ici interdit l'accès et où l'organisation défensive adverse était particulièrement forte.

Nous avons gagné un peu de terrain au sud-ouest de Souchez, vers le château de Carleul.

Sur le reste du front, rien n'a été signalé.

26 MAI 1915

Nouveaux progrès sur les pentes de Notre-Dame-de-Lorette. — Nouveau raid des zeppelins sur la côte anglaise. — Le cuirassé anglais « Triumph » est coulé par un sous-marin dans les Dardanelles.

Situation des armées sur le front occidental

Sur le front belge, le duel d'artillerie continue, l'ennemi bombarde nos **tranchées avancées** au nord de Dixmude et nous lui résistons **vigoureusement**.

Les Anglais poursuivent leur offensive au nord de La Bassée, ils ont fait soixante prisonniers et pris des mitrailleuses pendant la journée du 26 mai.

En Artois, les Allemands continuent leurs attaques contre nos nouvelles positions avec une persévérance remarquable, qui n'a d'égale que la ténacité de nos troupes. Ils viennent toutes les nuits se heurter contre nos lignes et leurs efforts n'aboutissent qu'à des échecs répétés et à des pertes considérables.

Les communiqués du 26 mai nous apprennent que pendant toute la nuit précédente on s'est battu furieusement dans la région d'Angres et au nord du massif de Notre-Dame-de-Lorette. Nos troupes ont fait preuve d'un courage et d'une ténacité admirables et nous avons maintenu tous nos gains.

Les combats se sont continués pendant toute la journée du 26 avec une violence inouïe, mais la situation dans son ensemble en fin de journée était toute à notre avantage.

Nous avons entièrement occupé le ravin de Buval, dont nous ne tenions qu'une partie, nous avons progressé de 200 mètres sur les pentes nord-est de la chapelle de Notre-Dame-de-Lorette et nous avons enlevé une tranchée ennemie aux abords de Souchez.

A Neuville-Saint-Vaast nous nous sommes emparés d'un groupe de maisons qui formait un saillant dangereux.

La lutte qui se poursuit en Artois est très opiniâtre, les troupes allemandes ayant reçu l'ordre formel de se maintenir coûte que coûte sur leurs positions et nos troupes étant bien décidées à poursuivre leur offensive jusqu'à complète réalisation de l'objectif qui leur a été tracé. Suivant une information venue d'Anvers, 50,000 hommes venant du district de Wessel seraient passés par cette ville, se dirigeant sur le front occidental. Ce sont de nouveaux renforts que nous aurons à combattre.

F. B.

Nouvelles diverses publiées par les journaux

— Mme Carton de Wiart, femme du ministre belge, arrêtée le 28 avril, sous l'inculpation d'avoir correspondu avec son mari, vient d'être condamnée à 105 jours de prison, elle sera internée dans une forteresse allemande.

— On annonce de Londres que le champion de boxe bien connu, Bombardier Wells, a contracté un engagement volontaire dans l'armée anglaise.

— Le vapeur anglais *Imber* est arrivé aujourd'hui à Rotterdam, le capitaine a déclaré avoir été poursuivi par deux sous-marins allemands à hauteur du bateau-phare de Nord-Kinder.

— Le steamer français *Amiral de Kersaint* vient d'arriver au Havre, après avoir échappé à un sous-marin allemand, à 24 milles de Barfleur.

— Des avions allemands ont survolé hier, Dunkerque, Gravelines et Leffrinkhoucke, ils ont jeté plusieurs bombes qui n'ont causé que peu de dégâts.

— Un avion allemand a jeté ce matin cinq bombes sur la ville de Meaux, elles sont tombées entre le canal et la voie ferrée. Il n'y a eu aucune victime.

— Un avion anglais a pris feu et est tombé à Vieux-Berquin. Les deux aviateurs sont morts des suites de leurs blessures.

En Russie. — Les combats continuent avec acharnement sur le front russe. Les tentatives ennemies pour prendre l'offensive sur la rive-gauche de la Vistule, dans la région d'Opatow, ont été repoussées.

En Galicie, sur le front Jaroslaw-Przemysl, le combat a repris avec acharnement sur les deux rives du San.

En Turquie. — Les Turcs ont envoyé des renforts considérables et de nombreux canons dans la presqu'île de Gallipoli. On annonce d'Athènes que le 1er corps de troupes d'élite comprenant 50.000 hommes, en garnison à Constantinople, y a été envoyé. Les forces turques seraient en ce moment de 200.000 hommes.

Le cuirassé anglais *Triumph* qui protégeait le débarquement des troupes australiennes dans la presqu'île de Gallipoli a été torpillé le 25 mai par un sous-marin ennemi.

En Italie. — Le roi Victor-Emmanuel a pris le commandement suprême des forces de terre et de mer, il a confié la lieutenance générale du royaume à son oncle le prince Thomas de Savoie, duc de Gênes.

L'action des troupes italiennes sur la frontière autrichienne se continue par l'occupation de tous les cols des Alpes et par une avance sensible au-delà de la frontière du Frioul.

Documents historiques, récits et anecdotes

UN EXPLOIT DE LANDAIS. — Récemment, dans le bataillon de zouaves du front, on était depuis des semaines harcelé d'une façon continue par les coups de feu partis de l'intérieur d'une masure en ruines. Chaque fois qu'on tentait une avance de ce côté, une ou deux mitrailleuses — on ne savait exactement le nombre, — fonctionnaient. La bicoque, appuyée aux tranchées ennemies, était défendue par un réseau de fils de fer barbelés, et la nuit gardée par des sentinelles. Aussi n'avait-on pu la prendre d'assaut.

Depuis quelque temps, on s'étonnait de voir des hommes de la ...ᵉ compagnie se livrer frénétiquement à un sport nouveau. Ils s'étaient pourvus de longues perches, et deux Landais qui venaient d'arriver leur donnaient des leçons de saut à la perche. L'autre nuit, les sauteurs se glissèrent en dehors de la tranchée en rampant et en tirant derrière eux leurs instruments de saut. Une heure après, on entendit des cris, une lutte sourde, pas un coup de fusil. D'un bond terrible, ils avaient franchi les fils barbelés, étaient tombés sur les sentinelles, les avaient égorgées. Puis, dans les ruines, ils avaient trouvé les mitrailleurs enchaînés à leurs pièces, comme il est de règle chez nos ennemis. La baïonnette avait fait son œuvre, et proprement.

Le lieutenant qui commandait le détachement n'avait pas eu le temps de crier: « Kamarade! » que, par la même voie, nos braves zouaves revenaient vers nos lignes.

Un instant après, on ouvrit le feu; et comme les mitrailleuses allemandes étaient devenues muettes, la compagnie s'emparait de la masure meurtrière. Les poilus landais viennent de recevoir une médaille militaire qu'ils ont rudement et vaillamment gagnée.

Dépêches officielles
Premier Communiqué

Les échecs subis hier par l'ennemi dans la région d'Angres et au nord du massif de Lorette, ont déterminé de sa part une réaction extrêmement violente. On s'est battu furieusement dans la soirée et pendant la nuit. Nous avons conservé tous nos gains. Nos troupes ont fait preuve d'un courage et d'une ténacité magnifiques.

Les Allemands ont d'abord contre-attaqué l'ouvrage conquis par nous au nord-ouest d'Angres et ont multiplié, pour le reprendre, des efforts acharnés. Malgré le bombardement exceptionnellement intense auquel nous avons été soumis, nous avons gardé la totalité de nos nouvelles positions.

Nous avons, d'autre part, en fin de journée, occupé presque entièrement le fond de Buval où nous avions pris pied dans l'après-midi. Nous nous y maintenons sous un feu violent. En même temps, nous avons gagné du terrain sur les crêtes au nord-est de Lorette et enlevé une tranchée ennemie aux abords de Souchez.

Une lutte d'artillerie assez vive s'est engagée dans la région de Soissons et dans celle de Reims.

Sur le reste du front, rien n'a été signalé.

Deuxième Communiqué

Les troupes britanniques ont marqué une nouvelle avance dans la direction de La Bassée, en faisant 60 prisonniers, dont plusieurs officiers, et en prenant des mitrailleuses.

Au nord d'Arras, les Allemands ont continué leurs efforts désespérés pour reprendre dans la région d'Angres les positions qu'ils avaient perdues hier. Le combat a été toute la journée d'une extrême violence. A l'ouvrage des Comailles, une contre-attaque ennemie nous a d'abord fait reculer; mais moins d'une heure après, nous avons reconquis toute la position et nous l'avons gardée depuis lors.

A l'ouvrage voisin, plus au sud, l'ennemi, après des attaques acharnées, a repris une partie du saillant nord; nous avons conservé le saillant ouest et pris une partie du saillant sud.

Entre ces deux ouvrages et la route d'Aix-Noulette à Souchez, nos attaques ont progressé et pris pied sur divers points dans les lignes de l'ennemi, qui n'a réussi à réoccuper aucune des tranchées conquises hier par nous.

A la lisière nord de la route Aix-Noulette-Souchez, un vif combat s'est livré dans les bois; les positions respectives ne se sont pas modifiées.

Entre cette route et le massif de Lorette, dans le fond de Buval, le feu violent de l'artillerie ennemie n'a pas pu nous déloger des positions conquises hier et nous avons gagné du terrain.

Sur les pentes au nord-est de la chapelle de Lorette, nous avons progressé de deux cents mètres, malgré un bombardement intense.

Aux lisières d'Ablain-Saint-Nazaire, nous avons pris un canon-revolver.

A Neuville-Saint-Vaast, nous nous sommes emparés, après une lutte très chaude, d'un groupe de maisons qui formaient un saillant dangereux.

L'ennemi dans ces diverses actions a subi de très fortes pertes.

27 MAI 1915

Les Allemands sont repoussés au nord et au sud de Dixmude. — Des avions français bombardent Ludwigshafein (Allemagne). — Le cuirassé anglais « Majestic » est coulé par un sous-marin dans les Dardanelles.

Situation des armées sur le front occidental

Pendant que les Belges repoussent les attaques allemandes au nord et au sud de Dixmude, les Anglais continuent à progresser dans la direction de Festubert, c'est ce que nous apprend le communiqué du maréchal French, il ajoute que dans les dernières opérations les troupes anglaises ont pris 10 mitrailleuses, une grande quantité de matériel et d'équipements et fait près de 800 prisonniers.

Au nord d'Arras nos succès se poursuivent malgré la défense énergique des troupes allemandes.

Une action importante a été effectuée pendant la nuit du 26 au 27 mai, nous nous sommes emparés d'une tranchée ennemie au sud-ouest de Souchez, dans la direction du château de Carleul.

Nous avons aussi repoussé par le feu de notre artillerie une contre-attaque allemande à l'est de Neuville-Saint-Vaast.

La journée du 27 a été marquée par de nombreuses actions qui nous ont été très avantageuses. Nous avons résisté victorieusement à deux contre-attaques allemandes dans la région d'Angres.

Nous avons prononcé une énergique offensive à l'est d'Ablain-Saint-Nazaire, nous nous sommes emparés du cimetière et nous avons progressé au-delà. La prise du cimetière d'Ablain ne paraît tout d'abord être qu'une action de minime importance mais il faut tenir compte, pour apprécier ce fait d'armes à sa juste valeur, que l'ennemi avait fait de ce cimetière un véritable fortin, puissamment organisé, contre lequel s'est livrée une véritable bataille et qu'il a fallu emporter de haute lutte. Les pertes allemandes ont été très fortes et nous avons fait 400 prisonniers dont plusieurs officiers.

Les communiqués du 27 mai nous parlent également de nombreux combats d'artillerie qui ont été livrés dans la région d'Écurie et de Roclincourt, dans celle de Reims et dans les Vosges. Ils n'ont été suivis d'aucune attaque d'infanterie.

F. B.

Nouvelles diverses publiées par les journaux

— Plusieurs zeppelins ont survolé l'Angleterre hier, 26 mai, vers 10 heures du soir; ils ont jeté plusieurs bombes sur le comté d'Essex et la ville de Southend. Une femme a été tuée et plusieurs personnes blessées. On annonce qu'un des zeppelins a été atteint par le feu de l'artillerie.

— Un télégramme de Londres annonce que ce matin, 27 mai, le croiseur auxiliaire anglais *Princess-Irène* a sauté en rade de Scheerness, par suite d'un accident, on parle de 400 victimes.

— Le vapeur danois *Betty* a été coulé hier dans la mer du Nord par un sous-marin allemand.

— Le vapeur *Norwenna* a été torpillé par un sous-marin allemand le 26 mai au large de Saint-Ann's-Head.

— Le vapeur américain *Nébraskan* a été torpillé le même jour au sud de l'Irlande par un sous-marin allemand.

— Le 27 mai, une escadrille composée de 18 avions français a bombardé l'usine allemande de produits chimiques de Badische-Aniline qui occupe tout un quartier de Ludwiigshafein, des bombes ont été aussi jetées sur l'usine d'Oppan. Les aviateurs ont constaté avant leur départ que les usines étaient en feu. Un seul avion n'est pas rentré, il a dû atterrir près de Ludwiigshafein par suite d'une panne de moteur.

— On apprend de New-York que les financiers américains ont décidé de soutenir financièrement les alliés jusqu'à concurrence de un milliard de dollars si cela est nécessaire.

En Russie. — Le combat qui se livre dans la région entre Jaroslaw et Przemysl se poursuit sans avantage pour les Austro-Allemands. Toutes les attaques ont été repoussées. Les Russes viennent de recevoir d'importants renforts à Lemberg, on croit à un changement de front chez les Russes car ils n'ont pas cherché à empêcher le passage de l'ennemi soit au sud, soit au nord-ouest de Przemysl.

En Turquie. — Les combats se continuent dans la presqu'île de Gallipoli.

On annonce qu'un sous-marin anglais a accompli un raid magnifique dans les détroits. Parti de l'entrée des Dardanelles il a pénétré dans la mer de Marmara et il s'est avancé jusqu'aux eaux de la Corne-d'Or. En face de Constantinople, il a torpillé plusieurs navires turcs.

On télégraphie de Londres que ce matin, 27 mai, le cuirassé anglais *Majestic* qui coopérait aux opérations militaires de la presqu'île de Gallipoli, a été torpillé par un sous-marin et coulé.

Documents historiques, récits et anecdotes

LA GUERRE AÉRIENNE. — *Tragique combat aérien.* — Le communiqué officiel a relaté brièvement l'exploit d'un de nos aviateurs qui a abattu un avion allemand, dont les deux passagers ont été tués.

« C'est le deuxième que je descends, raconte le sous-officier auteur de cet exploit, mais cette fois la lutte a été particulièrement difficile. Mercredi 26 au matin, j'aperçus un albatros venant des lignes allemandes dans la direction de Laon et se dirigeant vers Paris et Château-Thierry, après avoir traversé Fismes. Je le pris en chasse. Il était à 2.600 mètres; je le gagnai de hauteur et le suivis à 3.000 mètres. Plus rapide que lui, je l'eus bientôt rejoint et la lutte commença. A ce moment nous n'étions qu'à dix mètres de l'albatros. Emportés par notre élan, nous le dépassâmes, et c'est alors que je reçus une balle à l'épaule, blessure peu grave qui ne m'empêcha pas de continuer la poursuite.

« Les Boches essayèrent de se dérober perpendiculairement. Je les survolai de nouveau. Nous étions en plein soleil; sans doute, l'un d'eux était blessé, car du rouge miroitait sur le fuselage. Soudain, à bout portant, mon lieutenant tira une dernière salve. L'albatros oscilla et tout à coup, piquant du nez, fit une chute verticale de 2.000 mètres. Nous le suivîmes des yeux. Sur terre, il sembla se mettre en boule pour dévaler le long d'un coteau par bonds successifs, comme un lapin atteint en plein élan.

« Nous descendîmes en spirale. Le pilote était à quelques mètres, ayant été jeté hors de l'appareil. Quant à l'observateur, il était en bouillie sous le moteur. Du monde arrivait de toute part. On le fouilla. On trouva sur lui des papiers au nom du lieutenant von Bülow, officier de la garde à Berlin, et probablement parent du général et du diplomate que l'Italie vient de rendre à l'Allemagne. Franchement cela m'a fait de la peine. J'étais triste, très triste, et puis soudain on a retiré de deux boîtes placées dans la baignoire dix grosses bombes et une quarantaine de grenades. Alors j'ai été très heureux et ma tristesse a fait place à une joie très vive, car j'ai compris que nous venions de sauver la vie à quelques victimes innocentes que les Boches allaient mitrailler cyniquement. »

Ayant à choisir entre la Légion d'honneur et la médaille militaire, l'aviateur a préféré celle-ci.

Dépêches officielles
Premier Communiqué

Les troupes belges ont repoussé, hier soir, deux attaques allemandes au nord et au sud de Dixmude; la première a été refoulée par une contre-attaque, la deuxième arrêtée par le feu.

Dans le secteur au nord d'Arras, deux actions se sont produites cette nuit: au sud-ouest de Souchez, nous nous sommes emparés d'une des tranchées ennemies du château de Carleul en faisant des prisonniers (dont l'officier). A l'est de Neuville-Saint-Vaast, les Allemands ont tenté une attaque qui a été brisée par notre artillerie.

Sur divers points du front, notamment près de Reims et dans les Vosges, combats d'artillerie.

Deuxième Communiqué

En Belgique, le long du canal de l'Yser, combats d'artillerie intermittents.

Dans le secteur au nord d'Arras, la journée a été marquée par plusieurs actions très chaudes qui nous ont valu de nouveaux succès. Dans la région d'Angres, l'ennemi a prononcé deux contre-attaques; il a été repoussé les deux fois.

Nous restons maîtres des positions conquises par nous. Les pertes allemandes sont comme hier très fortes.

Plus au sud, à l'est d'Ablain, une attaque énergique des troupes qui ont précédemment conquis Carency et la plus grande partie d'Ablain a enlevé les tranchées allemandes en avant du cimetière de ce village. Immédiatement après nous nous sommes emparés du cimetière lui-même, où l'ennemi s'était puissamment organisé. Nous avons ensuite progressé au-delà du cimetière.

Nous avons fait 400 prisonniers, dont plusieurs officiers.

Dans la région d'Ecurie et de Roclincourt, très vif combat d'artillerie.

Entre Arras et les Vosges, journée calme.

28 MAI 1915

Les Anglais progressent vers La Bassée. — Les Français progressent dans le secteur au nord d'Arras. — Les Italiens occupent Grado à la frontière du Frioul.

Situation des armées sur le front occidental

Les Anglais continuent à avancer dans la région de La Bassée malgré la résistance de l'ennemi. Des combats se livrent toujours entre Ypres et Dixmude, autour de Steenstraete, Hetsas et Bœsinghe. Les pertes des Allemands ont été tellement fortes vers Hetsas, qu'ils ont dû, pour sauver leurs canons, les traîner par dessus des monceaux de cadavres et de blessés.

Dans la région d'Arras, les Allemands renouvellent continuellement leurs attaques, mais malgré tous leurs efforts, il leur est impossible de reconquérir les positions que nous leur avons enlevées. Près d'Angres nous avons repoussé deux contre-attaques dans la nuit du 27 au 28 mai et cinq pendant la journée du 28. Nous avons repoussé également toutes les autres attaques dirigées contre nos positions d'Ablain-Saint-Nazaire et de Neuville.

Nos progrès se sont surtout affirmés dans la journée du 28 mai à Ablain-Saint-Nazaire. Nos troupes se sont emparées dans la nuit, d'un îlot de maisons voisin du cimetière conquis hier, notamment du presbytère. Elles se sont ensuite avancées dans le chemin creux qui va d'Ablain au moulin Mahon.

Au lever du jour, elles se sont portées dans la direction de Souchez et elles ont pris d'assaut un ouvrage allemand très fortifié, aux Quatre-Broquetaux. L'ennemi a subi de très grosses pertes et nous avons fait des prisonniers.

Dans la même journée, nous avons à enregistrer sur d'autres parties du front, deux actions qui nous ont été favorables.

Nous avons attaqué aux lisières du bois Le Prêtre, et nous avons atteint la route qui va de Fey-en-Haye à Norroy. Nous avons pris une mitrailleuse et fait 200 prisonniers.

Nous avons également progressé en Alsace, dans le massif du Schnepfenrieth.

A signaler également une légère avance dans la région d'Ecurie.

F. B.

Nouvelles diverses publiées par les journaux

— Le steamer anglais *Argyllshire* a été attaqué dans la Manche, le 27 mai, par deux sous-marins allemands. Il a réussi à éviter les torpilles qui lui ont été lancées et il s'est échappé grâce à sa vitesse.

— Le vapeur anglais *Cadby* a été torpillé hier par un sous-marin allemand au large du phare Wolf, il a coulé.

— Le vapeur danois Ely a touché une mine au nord de Stockholm et il a coulé aussitôt.

— Le paquebot français *La Champagne* venant de Colon s'est échoué en rade de Saint-Nazaire par suite d'une fausse manœuvre. Le navire est perdu mais les passagers au nombre de 978, dont 900 soldats nègres, sont sauvés.

— Un avion allemand a survolé Gérardmer ce matin, il a lancé quelques bombes qui ont occasionné des dégâts matériels, il n'est signalé aucun accident de personnes.

— Des avions allemands ont jeté hier des bombes sur la région d'Amiens, ils ont été chassés par nos aviateurs.

— Le général Bon, commandant l'artillerie d'un corps d'armée est proposé pour la dignité de grand-officier de la Légion d'honneur.

— Le roi d'Italie vient de faire parvenir à M. Léon Dhommée, préfet de la Nièvre, ancien sous-préfet de

Reims, les insignes de l'ordre des Saints Maurice et Lazare.

En Russie. — Les troupes russes font des progrès sensibles dans la région de Chavli, en Pologne septentrionale.

Entre Przemysl et le Dniester, après une bataille acharnée, les Austro-Allemands ont réussi à s'emparer des tranchées de deux bataillons russes.

Au nord de Przemysl, les Russes, développant leur offensive ont pris d'assaut Seniawa, ils ont fait plus de 1.000 prisonniers et pris cinq canons.

En Turquie. — Après plusieurs attaques à la baïonnette les troupes alliées ont occupé, dans la presqu'île de Gallipoli, de nombreuses positions où elles se sont établies solidement. Les flottes alliées bombardent les positions turques sans interruption.

En Italie. — Les troupes italiennes progressent sur tout le front, elles accentuent leur marche sur Trieste. Un sanglant combat a été livré près de Goritz où un convoi de munitions est tombé entre les mains des Italiens.

On signale de grands rassemblements de troupes autrichiennes et allemandes dans la région de Bozen au nord de Trente.

Les relations diplomatiques ne sont pas encore rompues avec la Turquie.

Documents historiques, récits et anecdotes

Le boche. — *Histoire naturelle.* — Le Boche est un mammifère de l'ordre des bipèdes. Il est originaire de l'Europe centrale, où il vit dans un pays momentanément appelé « Allemagne ».

Depuis quelques années, un demi-siècle environ, le Boche s'est répandu sur toute la surface du globe. Une espèce particulière, dite *naturalisés,* est venue s'établir dans le quartier des rues d'Hauteville et du faubourg Poissonnière, à Paris. Une autre espèce a émigré en Amérique où elle s'est établie dans la vallée du Mississipi.

Le Boche est très prolifique. Sa femelle, communément appelée *gretchen*, peut avoir jusqu'à vingt enfants viables qui, dès leur entrée en ce monde, se mettent à crier : *Kamerad!* — ce qui signifie en français: Pardonnez-moi toutes les saletés dont je vais me rendre coupable « à partir de dorénavant ».

Le Boche actuel est recouvert d'une carapace gris vert; il porte sur la tête une sorte de capsule surmontée d'une pointe, et qu'on appelle casque.

Il se nourrit de toutes sortes de produits excrémentiels, et en particulier d'un mélange jaunâtre et puant appelé pain K K.

Il vit d'ordinaire dans des cavernes, longitudinales appelées tranchées. Dès qu'il en sort, il se fait précéder de vapeurs verdâtres, dont nos chimistes les plus éminents ne sont pas encore parvenus à déterminer la nature et la composition.

Il dégage une odeur particulière qui n'arrive d'ailleurs pas à chasser les nombreux parasites qu'attirent son système pileux très développé et sa saleté naturelle.

Il vit en tribus appelées bataillons, régiments, qui se transportent avec une grande rapidité d'une frontière à l'autre de leur terrain de combat.

Certains Boches d'une classe supérieure portent sur les yeux des cerceaux d'or encerclant des rondelles de verre de vitre: on les appelle des *professors*. Ce sont les inventeurs d'une religion particulière, la *Kultur*, et dont le Dieu est connu sous le nom de *Kaiser*.

Le Boche jouit d'un caractère parfaitement insupportable. Aussi est-il en guerre actuellement avec d'autres mammifères européens connus sous les noms bizarres de *poilus*, *tommies*, *god-fordeck*, etc.

Les prévisions, même les plus pessimistes, permettent d'espérer que le Boche aura disparu avant la fin de l'année.

(*Le Diable au Cor*, journal de la 3e brigade de chasseurs alpins.)

Dépêches officielles
Premier Communiqué

Les contre-attaques de l'ennemi contre les positions conquises par nous près d'Angres ont continué cette nuit. Nous les avons repoussées.

A Ablain-Saint-Nazaire, nos troupes ont poursuivi leur offensive avec un plein succès. Maîtresses du cimetière, elles se sont emparées au début de la nuit de tout l'îlot de maisons voisin notamment du presbytère, que l'ennemi avait fortement organisé. Elles ont ensuite pris d'assaut des tranchées allemandes sur le chemin creux qui va d'Ablain au moulin Malon (sud-est d'Ablain).

Violemment contre-attaquées dans la nuit, elles ont gardé tout le terrain conquis en infligeant à l'ennemi de fortes pertes. Au lever du jour, elles se sont portées vers l'est et ont enlevé, dans la direction de Souchez, un gros ouvrage allemand dit fortin des Quatre-Broqueteaux. La lutte y a été très vive et l'ennemi a subi un sérieux échec.

Le nombre des prisonniers d'hier soir dépasse sensiblement quatre cents, parmi lesquels sept officiers. Nous avons pris en outre une douzaine de mitrailleuses. Ce matin, à la prise du fortin, nous avons fait de nouveaux prisonniers, dont on ne connaît pas encore le chiffre exact, et capturé du matériel.

Le bombardement, signalé hier, d'Ecurie et de Roclincourt, par les Allemands, a continué toute la nuit, mais il n'y a pas eu d'attaque d'infanterie.

Aux lisières du bois Le Prêtre, nous avons, hier soir, prononcé une attaque qui a gagné du terrain en faisant une soixantaine de prisonniers, dont plusieurs officiers.

Rien de nouveau sur le reste du front.

Deuxième Communiqué

Les troupes britanniques ont réalisé des progrès dans la direction de La Bassée.

Près d'Angres, les contre-attaques ennemies se sont continuées et précipitées avec une violence croissante; toutes ont échoué. Il s'en est produit cinq dans la journée, soit, avec les deux de cette nuit, sept en moins de vingt-quatre heures. Notre artillerie et notre infanterie ont interdit tout progrès aux assaillants. L'intégralité de nos positions a été maintenue, malgré un bombardement continu d'une extrême intensité.

Au nord d'Ecurie, dans la région particulièrement difficile du « Labyrinthe », nous avons progressé d'une centaine de mètres.

Sur tout le front d'Angres à Arras, la lutte d'artillerie a été particulièrement violente toute la journée.

Aux lisières du bois Le Prêtre, notre dernière attaque nous a permis d'atteindre en deux points la route de Feyen-Haye à Norroy; nous avons fait 150 prisonniers, dont plusieurs officiers, et pris une mitrailleuse.

En Alsace, dans le massif du Schnepfenrieth, nous avons progressé de plusieurs centaines de mètres.

---

29 MAI 1915

Prise d'Ablain-Saint-Nazaire par les Français.
Les Italiens s'emparent d'Ala (Trentin).

Situation des armées sur le front occidental

Il semble résulter de la lecture des communiqués que, depuis quelques jours, la lutte se concentre entre Ypres et Arras. Les quelques opérations locales qui sont signalées sur les autres parties du front sont d'une importance moins grande ou du moins paraissent telles, si on les compare à celles dont la région d'Arras est le théâtre.

Les troupes britanniques continuent à progresser au nord de La Bassée. On signale qu'il y a quelques jours le 57e régiment d'infanterie prussienne qui leur était opposé à Festubert a perdu 2.400 hommes sur un effectif de 3.000. On dit également qu'au cours d'un récent bombardement de La Bassée, un projectile anglais éclata dans un établissement de bains réservé à l'usage des officiers et que trente d'entre eux furent tués ou blessés.

Au nord d'Arras nos succès sont continus mais nous ne les obtenons pas sans peine et la lutte est opiniâtre. Dans la nuit du 28 au 29 mai les Allemands ont bombardé fortement nos positions de Notre-Dame-de-Lorette puis ils ont attaqué nos tranchées d'Ablain-Saint-Nazaire. Ils ont été repoussés. Dans la même nuit, nous avons réalisé de nouveaux progrès sur la route d'Aix-Noulette à Souchez.

Les combats se sont continués dans la journée du 29 mai et après avoir repoussé l'attaque allemande sur Ablain-Saint-Nazaire, nous avons poursuivi l'ennemi et nous nous sommes emparés de la totalité des maisons de cette localité, après une lutte très acharnée. Dans Neuville-Saint-Vaast, nous progressons également mais très lentement car il faut faire le siège de chaque groupe de maisons.

Les communiqués du 29 mai signalent également un léger succès en Argonne, à Fontaine-Madame, où nous nous sommes emparés d'une partie d'une tranchée allemande.

F. B.

Nouvelles diverses publiées par les journaux

— Le paquebot anglais *Ethiopia* a été coulé le 28 mai, par un sous-marin allemand.

— Le vapeur anglais *Spennymoor* a été coulé au large de Start-Point, par un sous-marin allemand.

— Par suite de l'intervention de l'Italie, le ministre de

la guerre italien vient de rendre la liberté aux survivants du *Léon-Gambetta* qui étaient internés à Messine.

— Une amende de 1.500.000 marks vient d'être infligée à la ville de Roulers par les Allemands, pour le motif que la population a acclamé des prisonniers qui traversaient la ville.

— On annonce d'Amsterdam que plusieurs gros canons endommagés par l'artillerie française dans le Nord de la France viennent de passer par Cologne à destination d'Essen, pour y être réparés.

— La colonie argentine de Paris vient d'offrir au service de santé militaire 20 autos ambulances chirurgicales et 12 autos pour le transport des blessés. Ces voitures ont été remises le 28 mai au Docteur Toussaint, directeur du service de santé militaire, représentant le Ministre de la guerre.

En Russie. — Dans la région de Chavli (nord de la Pologne) les Allemands se sont repliés et les troupes russes ont occupé leurs positions.

Sur le San, la bataille continue très acharnée. Entre le grand marais du Dniester et Przemysl trois attaques allemandes ont été repoussées avec de grosses pertes pour l'ennemi. En Galicie, les Russes ont repris résolument l'offensive sur tout le front; dans la nuit du 27 au 28, elles ont fait 3.200 prisonniers et se sont emparées d'un drapeau et de plusieurs mitrailleuses.

En Turquie. — Il n'est rien signalé d'extraordinaire dans la presqu'île de Gallipoli. Les combats continuent, très violents. Les Turcs ont reçu des renforts venant de Syrie. Une information digne de foi estime les pertes turques dans la presqu'île à 60.000 tués et blessés.

En Italie. — L'armée italienne s'empare peu à peu de toutes les hauteurs qui dominent le Trentin. A la frontière de Carniole, les progrès sont plus rapides en raison de la nature du terrain et les troupes autrichiennes se retirent en combattant sur des positions plus avantageuses.

En Roumanie. — L'empereur d'Allemagne vient d'envoyer à Bucarest le prince de Wedel, il est chargé d'une mission identique à celle que le prince de Bülow remplissait à Rome.

Un télégramme de Nisch fait connaître que les nouvelles reçues d'Italie confirment dans l'espérance que la Roumanie ne tardera pas à se joindre aux alliés.

Documents historiques, récits et anecdotes

LE DÉBARQUEMENT AUX DARDANELLES. — *Du 25 avril au 4 mai.* — Les opérations du débarquement aux Dardanelles avaient été préparées à Alexandrie, dans les îles de la mer Egée servant de base au corps expéditionnaire anglais et français, où le 23 avril tout était prêt. Le commandement décidant que l'opération aurait lieu le surlendemain, au point du jour. Les forces alliées allaient entreprendre de mettre les troupes à terre de vive force sur une côte sans abris naturels et ne présentant comme point d'atterrissage que quelques plages de développement restreint, dominées par des hauteurs à faible distance.

On a trouvé sur un officier turc un ordre dans lequel le commandant de la division ottomane rassurait ses troupes en leur disant que tout débarquement était impossible sous le feu des tranchées et des redoutes qui hérissaient le rivage des Dardanelles.

Première attaque. — Le 25 avril, à huit heures et demie du matin, une flotte imposante de bâtiments de guerre et de transports apparaît au débouché des Dardanelles. La mer est unie, le temps calme. A cinq heures, sur un cuirassé battant pavillon du contre-amiral, le clairon sonne le branlebas de combat. Tous courent prendre leur poste. Les navires vont occuper les points qui leur ont été désignés. Le feu commence. De vives lueurs des grosses pièces éclatent partout. Dans la lumière encore incertaine de l'aube, les vieux forts turcs de Koum-Kale, de Yeni-Sher, de

Seddul-Bahr tremblent et se déchirent sous les coups des obus. Les zones d'action ont été nettement définies.

L'attaque principale contre la presqu'île est menée par les Anglais. Un détachement français est chargé d'une opération démonstrative sur la côte d'Asie, où il doit tenir les ouvrages de Koum-Kale jusqu'à l'achèvement du débarquement anglais.

Pendant que les files d'embarcations britanniques s'approchent des places qui leur ont été assignées, de grands transports français traversent dans leurs canots leurs garnisons de marsouins et de Sénégalais, que les torpilleurs et chalutiers remorquent vers l'embouchure du Meandis, où nos troupiers vont combattre sur le terrain qui vit les héros d'Homère. La tâche de notre détachement est particulièrement ardue. Il n'a pour prendre pied qu'un terre-plein de quelques mètres carrés, surplombés par la masse noire de l'enceinte de Koum-Kale, garnie de fusils et de mitrailleuses.

A quelques pas de là se dresse le moulin au haut duquel une mitrailleuse s'apprête également à ouvrir le feu. Enfin les batteries d'In-Tepe ont repéré leur tir. Sur la côte, la défense, établie solidement, semble en bonne posture et capable d'empêcher qu'un seul ennemi ne pose le pied sur le sol ottoman, mais elle a compté sans la valeur et la détermination de nos troupes.

Le débarquement sur la Côte asiatique. — 9 heures 30: La première file des embarcations approche du terre-plein. Elle est couverte de projectiles. Les obus éclatent. Un capitaine saute à la mer et entraîne ses Sénégalais à l'eau. En un instant, les vaillants noirs ont envahi le terre-plein. Leur capitaine a le bras percé d'une balle, mais refuse de se faire panser, et escalade une brèche de muraille à la tête de ses hommes. Une mitrailleuse se met de la partie, mais elle n'a pas tiré sa première bande, qu'un obus bien pointé par un cuirassé la fait sauter en l'air avec tous les servants.

Après le vieux fort, le village est nettoyé, et nos tirailleurs, rejoints par d'autres convois de troupes, garnissent la silière, où ils s'installent solidement.

L'ennemi aussi reçoit des renforts pendant toute la journée de ses tranchées. Il bat les abords de la localité, mais c'est pour la nuit qu'il réserve son principal effort. Quatre fois il renouvelle de furieuses attaques contre nos lignes; quatre fois ses efforts viennent se briser sur un mur inébranlable de baïonnettes. Le lendemain, on compte les cadavres par centaines devant nos tranchées sur une profondeur de 100 à 400 mètres.

La résistance turque est brisée. — La matinée du 26 est calme. L'adversaire est démoralisé par ses échecs répétés. Dans l'après-midi, la grande ligne de défense turque, située environ à mi-chemin entre Koum-Kale et Yeni-Sher, est prise sous le feu d'enfilade des cuirassés, d'un croiseur auxiliaire, et sous le feu d'une batterie de 75 débarquée peu après notre infanterie. Le bataillon qui occupe la ligne de défense se désagrège. La moitié de son effectif s'enfuit vers l'intérieur, poursuivi par nos shrapnells; l'autre moitié jette les armes et vient à nous, agitant des mouchoirs et des fanions blancs. On fait ainsi 500 prisonniers. La résistance turque sur la rive asiatique est brisée.

A ce moment même, le général en chef, estimant que le détachement français a admirablement rempli sa mission, lui fait donner l'ordre de réembarquer. Cette opération délicate n'est aucunement inquiétée par les fantassins turcs, trop ébranlés pour esquisser le moindre mouvement offensif. Seule, leur artillerie nous cause quelques pertes.

L'attaque sur la Presqu'île. — Pendant que notre détachement livrait sur la côte d'Asie le brillant combat de Koum-Kale, l'armée anglaise accomplissait héroïquement la tâche qui lui était confiée. Les troupes sautaient des embarcations sur la rive, et après deux jours d'efforts gagnaient la première ligne de crêtes qui traverse la péninsule. Bientôt le corps français débarquaient ses unités à son tour et occupait au cap Hellés une partie du front tenue jusque-là par l'infanterie britannique, et, de concert avec elle, se portait à plusieurs kilomètres en avant.

A peine les troupes alliées avaient-elles atteint la première ligne, où le commandement leur avait prescrit de s'établir, que les Turcs cherchaient par des attaques violentes et réitérées à les rejeter à la mer.

Du 1ᵉʳ au 4 mai, tous les jours, et surtout les nuits, de nouveaux régiments turcs sont amenés à l'assaut. Les unités décimées sont remplacées à chaque attaque par des unités fraîches, qui sont fauchées comme les premières. Devant le tir de nos fantassins, devant les rafales du 75, les bataillons fondent l'un après l'autre.

Non seulement nous avons réussi à prendre pied dans la presqu'île, mais nous nous y maintenons et fortifions nos positions, en attendant de prendre l'offensive qui fera tomber les défenses intérieures et permettra à la flotte de franchir la passe.

Dépêches officielles

Premier Communiqué

Dans la région au nord d'Arras, la nuit a été marquée par une lutte d'artillerie très violente. L'ennemi a particulièrement bombardé nos positions du plateau de Lorette. Une attaque de nuit nous a permis de réaliser de nouveaux progrès à l'est de la route Aix-Noulette-Souchez. Vers minuit, une contre-attaque allemande sur nos tranchées d'Ablain-Saint-Nazaire a été facilement repoussée.

En Argonne, dans la région de Fontaine-Madame, nous nous sommes emparés d'un élément de tranchée ennemie.

Deuxième Communiqué

Dans le secteur au nord d'Arras, nous avons réalisé de nouveaux progrès.

Après avoir repoussé avec un plein succès la contre-attaque allemande signalée ce matin sur nos tranchées

d'Ablain-Saint-Nazaire, nous avons pris l'offensive et enlevé
d'abord la plus grande partie, ensuite la totalité des maisons d'Ablain que l'ennemi tenait encore. Nous sommes
maîtres maintenant du village entier. La lutte a été très
chaude; nous avons anéanti ou mis en fuite trois compagnies allemandes.

A Neuville-Saint-Vaast, la guerre de rues se poursuit.
Nous avons conquis un nouveau groupe de maisons à la
lisière ouest.

Dans le reste du secteur d'Arras, rien à signaler si ce
n'est un bombardement ennemi d'une extrême violence
auquel notre artillerie a répondu.

***

Près de Thiescourt (sud-est de Lassigny), nous avons
abattu un aviatik, qui a pris feu en tombant en avant de
nos lignes.

---

30 MAI 1915

Progrès des Français au nord de Pilken (Belgique) et au Labyrinthe (secteur d'Arras). — Les Russes progressent au nord et au sud de Przemysl.

Situation des armées sur le front occidental

Sur le front belge, c'est la lutte d'artillerie qui domine,
un combat à coup de grenades a cependant été livré dans
'après-midi du 29 mai, en avant de Dixmude.

Sur le front anglais, les petites actions de détail son nombreuses notamment à l'est de Festubert.

La lutte continue, toujours violente et opiniâtre, dan: le secteur au nord d'Arras, où l'ennemi s'acharne à vouloir reprendre les positions que nous lui avons enlevées et i ne se décourage nullement de ses échecs successifs.

Dans la journée du 30 mai, après un duel d'artillerie for midable nous avons engagé le combat au sud-est de Neu ville-Saint-Vaast et nous avons progressé de 400 mètres dan: la direction d'un ouvrage très fortifié par les Allemands e dénommé le Labyrinthe. L'ennemi a résisté énergiquemen et la lutte a été très chaude, nous avons fait de nombreu: prisonniers.

Les communiqués d'aujourd'hui parlent aussi d'un nou veau bond de nos troupes sur la rive droite du canal de l'Yser. Elles ont enlevé la totalité des tranchées allemande: de la cote 17 au nord de Pilken. Une contre-attaque alle mande a complètement échoué et nous sommes resté: maîtres du terrain conquis. Nous avons capturé 50 pri sonniers et pris 3 mitrailleuses.

Nos progrès se sont également continués au nord-oues du bois Le Prêtre, dans la direction de la forêt de Ven chères et du bois de Presle. Ce dernier bois est encore entre les mains des Allemands et au-delà se trouve une dépres sion de terrain d'une assez grande étendue. La possession du bois de Presle nous paraît nécessaire pour compléte les avantages recueillis au bois Le Prêtre.

En Alsace, les Allemands ont essayé de nous reprendre le terrain que nous avions conquis avant-hier sur le versant des Vosges, dans le massif du Schnepfenrieth, mais leur attaque n'a réussi qu'à un nouveau recul de leurs lignes.

F. B.

Nouvelles diverses publiées par les journaux

— Le général d'Amade, ex-commandant du corps expéditionnaire français dans les Dardanelles, est cité à l'ordre du jour de l'armée pour les hautes qualités dont il a fait preuve dans son commandement.

— Il se confirme qu'un zeppelin qui participa à l'attaque des côtes anglaises, le 26 mai, a été touché par un obus et est tombé à la mer au large d'Héligoland.

— Le vapeur anglais *Glenlée* et le vapeur portugais *Cysne* ont été coulés dans la Manche par un sous-marin allemand, le 29 mai, les équipages ont été recueillis par un bateau français.

— Le transatlantique anglais *Mégantic* qui allait de Liverpool à Montréal avec de nombreux passagers a échappé à un sous-marin allemand, à 60 milles au sud de Queenstown, grâce à sa vitesse supérieure et à une manœuvre habile.

En Russie. — Il résulte du dernier communiqué de l'état-major russe qu'au cours de la journée du 29 mai et à la suite d'une lutte acharnée, les Austro-Allemands ont été rejetés de la rive droite du San jusqu'à l'embouchure de la Lubaczewka. Au cours de cette opération les Russes ont fait, dans une seule journée, 3.000 prisonniers dont 60 officiers, ils ont pris des mitrailleuses, des projecteurs et un train.

En Galicie orientale, dans la région de Hai, un bataillon russe a pris l'ennemi à revers capturant 600 prisonniers. Dans la vallée de la Dolina les Austro-Allemands ont été rejetés de la rive droite de la Swica.

Un communiqué officiel russe donne le chiffre exact des prisonniers internés en Russie au 1er avril, il était à cette date de 10.734 officiers et 605.378 soldats.

On apprend que le duc Ulrich de Wurtemberg a été blessé au bras par un shrapnell, sur le front oriental.

En Turquie. — On annonce de Mytilène que l'occupation de Gaba-Tépé est considérée comme imminente.

D'autre part, les Turcs fortifient fièvreusement Tchataldja et Kirk-Kilissé, ils semblent craindre une attaque
bulgare.

L'ambassadeur d'Italie à Constantinople est attendu à
Salonique, il se rend en Italie.

En Italie. — Les Italiens ont occupé hier la ville d'Ala,
sur la route de Trente, le roi a assisté à la prise de la ville.
Ils se sont emparés du fort de Luserna. Leurs progrès se
continuent sur l'Isonzo.

On apprend que l'archiduc Eugène commandera en chef
les troupes austro-allemandes contre l'Italie.

Documents historiques, récits et anecdotes

AVONS-NOUS RAVITAILLÉ L'ALLEMAGNE SANS LE SAVOIR? —
Les Allemands, pour excuser leurs actes de piraterie, ont
donné pour raison le manque de vivres résultant, à leur
détriment, du blocus continental exercé par les alliés.

Or, les mêmes Allemands se vantent maintenant d'avoir
des pommes de terre, des produits de toute nature en quantité telle qu'ils pourraient, sans se gêner, en revendre.

Il n'est pas question de préciser en ce moment où réside
le mensonge. Un point seulement est à élucider. Comment
ce stock surabondant de produits alimentaires a-t-il été
constitué? Les neutres ont-ils pu exporter suffisamment
en Allemagne, pendant ces derniers mois, pour assurer les
réserves dont nos ennemis semblent être si fiers. Dans une
certaine mesure, les Allemands, en échange de trains de
charbon, ont obtenu des quantités importantes de céréales
et de vivres en général.

Ce n'est pas exclusivement de cette façon néanmoins que
nos ennemis se sont ravitaillés. Et on serait, à n'en pas
douter, plus qu'étonné d'apprendre que la France a contri-
bué à ce ravitaillement pour sa bonne part.

Dans des conditions encore mal définies, des tiers rési-
dant à Paris ont accumulé depuis le mois de janvier des

... considérables de pommes de terre pour la France. De cette époque jusqu'à ce jour un million et demi de kilos de pommes de terre sont sortis de France, en tonnage, à destination de la Suisse et envoyés par l'intermédiaire d'un même expéditeur. Quant au destinataire, s'il faut en croire les personnes qui furent témoins de ces envois, il serait agent de l'Allemagne.

Dans presque toutes les gares marchandes de Paris des envois « anormaux » ont été effectués; mais il semble que l'administration s'en soit aperçue un peu tardivement, de sorte qu'inconsciemment nous avons selon toute évidence ravitaillé Berlin. (*Petit Journal*.)

Dépêches officielles

Premier Communiqué

Rien à ajouter au dernier communiqué.

Deuxième Communiqué

En Belgique, sur la rive droite du canal de l'Yser, nos troupes ont enlevé la totalité des tranchées allemandes de la cote 17, région de Pilken; elles y ont fait une cinquantaine de prisonniers et pris trois mitrailleuses. Elles ont ensuite repoussé une contre-attaque.

Dans le secteur au nord d'Arras, la lutte d'artillerie a continué très violente. Nous avons attaqué au sud-est de Neuville-Saint-Vaast le gros ouvrage allemand dit du « Labyrinthe ». L'action a été très chaude; nous avons progressé de 400 mètres et fait de nombreux prisonniers, parmi lesquels des officiers.

Aux lisières du bois-Le Prêtre, nous avons enlevé de nouvelles tranchées et fait 50 prisonniers.

En Alsace, dans le massif du Schnepfenrieth, nous avons repoussé une attaque et conquis, en refoulant l'ennemi, une de ses tranchées de départ. Nous avons pris une mitrailleuse et deux lance-bombes.

31 MAI 1915

Les troupes françaises progressent vers la sucrerie de Souchez. — Un dirigeable italien bombarde Pola (Autriche).

Situation des armées sur le front occidental

Dans le secteur au nord d'Arras les contre-attaques allemandes les plus désespérées succèdent aux bombardements les plus violents, mais rien ne peut empêcher l'avance des troupes françaises.

Les communiqués du 31 mai nous disent que pendant la nuit précédente une attaque allemande dans la région de Notre-Dame-de-Lorette a complètement échoué ; qu'une autre attaque contre les positions que nous avons conquises au sud-est de Neuville-Saint-Vaast, au Labyrinthe, a été repoussée avec de grosses pertes pour l'ennemi. Dans cette région, nous avons organisé le terrain occupé et les Allemands n'ont pas attaqué à nouveau pendant la journée du 31 mai, ils ont seulement bombardé notre front.

Nous avons progressé sur la route de Carency à Souchez entre le moulin Malon, dont nous nous sommes emparés et la sucrerie de Souchez. La lutte a été très violente mais nos troupes ont eu raison de la résistance de l'ennemi et nous avons fait une cinquantaine de prisonniers.

Si les Allemands tiennent ferme pour conserver un ensemble de positions qu'ils avaient puissamment fortifiées, les Français attaquent résolument et paraissent décidés à s'emparer de ces mêmes positions qui leur sont nécessaires pour leur offensive future. Ils gagnent chaque jour du terrain et ils s'emparent peu à peu des ouvrages de l'ennemi. Il leur reste encore à s'emparer de Souchez qui est presque entouré et qui ne communique plus que par l'est avec les troupes allemandes de l'arrière. La prise de cette localité et de ses abords nous permettra de dominer la plaine de Lens.

Il faut espérer que tous les sacrifices que nous nous sommes imposés pour nous emparer de la totalité du plateau de Notre-Dame-de-Lorette nous conduiront à d'autres succès plus importants qui ne sauraient maintenant se faire attendre et que tout le monde espère.

F. B.

Nouvelles diverses publiées par les journaux

— Un télégramme de Londres nous apprend que les Allemands viennent de torpiller un nouveau navire américain, le *Dixiana*, au large de l'île d'Ouessant. Ce nouvel acte de piraterie se commet au moment où la situation est très tendue entre les Etats-Unis et l'Allemagne et on se demande ce qu'il en résultera.

— On annonce de Stockholm que des zeppelins ont survolé la Finlande et ont jeté des bombes sur Helsingfors, réduisant en cendres un vapeur et incendiant un dépôt de coton.

— On apprend d'Ecloo que deux aviateurs alliés ont lancé 19 bombes sur l'aérodrome de Gontrade, près de Gand. Les bombes ont fait éclater une grande quantité d'explosifs, 44 soldats allemands ont été tués et une trentaine ont été blessés.

— Des aviateurs alliés ont jeté des bombes sur la gare d'Ingelmunster, endommageant l'édifice. A Swelvelgem, une bombe a été lancée sur l'usine où les Allemands fabriquent du fil de fer barbelé.

— Le maréchal French annonce qu'un aviateur anglais a descendu un avion allemand près de Moorslède.

En Russie. — De violents combats se livrent dans la région de Przemysl. La situation paraît maintenant favorable aux Russes, l'offensive ennemie partant du front Jaros-law-Radymno, dans la direction orientale est arrêtée.

En Galicie orientale, les troupes russes ont continué une offensive vigoureuse qui a été couronnée de succès faisant 7.000 prisonniers et prenant 30 mitrailleuses. Les Austro-Allemands ont commencé une retraite désordonnée.

En Turquie. — Les opérations continuent dans la presqu'île de Gallipoli.

Un sous-marin ennemi ayant été signalé dans un petit port du voisinage d'Aïvali (Asie-Mineure), des navire de guerre s'y sont rendus. Soixante coups de canons ayant été entendus dans cette direction, il y a tout lieu de croire que le sous-marin a été détruit.

En Italie. — Les progrès italiens continuent dans le Trentin. Les Autrichiens auraient pour des raisons stratégiques, détruit une partie de la ville de Rovereto et la ville de Sacco.

En Carniole, Monfalcone a été bombardé par des contre-torpilleurs italiens.

Documents historiques, récits et anecdotes

LE CASQUE PROTECTEUR DEVIENT UN SALADIER. — L'administration de la guerre avait doté nos soldats d'un moyen de protection nouveau. Elle avait remis à chacun d'eux une calotte métallique, fruit de laborieuses études, qui devait être placée sous le képi dans le but d'amortir le choc des projectiles. Mais le ministre n'avait sans doute pas compté avec cette insouciance — qui se porte avec le sourire et qui est le propre des véritables héros. Nos poilus contrairement à leurs ancêtres des Gaules, ne craignent même pas, que le ciel leur tombe sur la tête. Et savez-vous ce qu'ils ont fait de la précieuse calotte — en acier chromé, s'il vous plaît — qui leur avait été confié? Des saladiers et des plats à barbe, tout simplement. Ce mépris du danger, en la circonstance même, quelque peu irrespectueux, a fait le

désespoir du professeur Le Dentu qui a exprimé ses crain-
tes dans une communication à l'Académie de médecine.

— Cette calotte, nous a déclaré fort aimablement l'émi-
nent chirurgien, est un moyen de protection très efficace.
J'ai cité à l'Académie quelques cas, peu nombreux il est
vrai, mais probants tout de même, où ce couvre-chef en
acier avait suffi à amortir le choc des balles. C'est d'ailleurs
là l'opinion des médecins du front et de plusieurs chefs de
notre armée. Peut-être le modèle adopté dans la fièvre des
premières organisations est-il incommode — il se rouille
vite et ne tient pas très bien sur la tête — et je sais que
l'on étudie les moyens de le remplacer par un casque qui
ne présenterait pas ces sortes d'inconvénients. Mais tel qu'il
est il peut rendre de grands services. Nos braves soldats ne
s'en doutent guère puisqu'on m'a signalé les usages peu
guerriers qu'ils en font; ils s'en servent souvent, paraît-il,
comme vide-poches ou ustensile de cuisine et de toilette.
C'est là une erreur qu'il faut dissiper. » (*Petit Journal.*)

Dépêches officielles
Premier Communiqué

Rien de nouveau pendant la nuit du 30 au 31, si ce n'est
l'échec, dans la région de Notre-Dame-de-Lorette, d'une
attaque allemande facilement repoussée par nos troupes.

Le nombre des prisonniers faits hier au « Labyrinthe »
(sud-est de Neuville-Saint-Vaas) est de cent cinquante, dont
quatre officiers.

Deuxième Communiqué

Sur le front de l'Yser, lutte d'artillerie.

Dans la région au nord d'Arras, nous avons réalisé de
nouveaux progrès.

Sur le chemin de Souchez à Carency, nous nous sommes emparés du moulin Malon et des tranchées allemandes

qui s'étendent du moulin à la sucrerie de Souchez; nous avons fait une cinquantaine de prisonniers.

Dans la région du « Labyrinthe », après avoir repoussé dans la nuit du 30 au 31 une contre-attaque allemande, nous avons organisé les positions conquises. L'ennemi, au cours de la journée du 31, n'a prononcé aucune attaque d'infanterie; il a seulement bombardé notre front.

Aux lisières du bois Le Prêtre, simple lutte d'artillerie; au cours des combats du 30, nous avons pris deux mitrailleuses.

1er JUIN 1915

Les Français progressent au Labyrinthe (sud-est de Neuville). — Des zeppelins jettent des bombes sur les faubourgs de Londres. — Les combats continuent dans la presqu'île de Gallipoli.

Situation des armées sur le front occidental

On continue à se battre avec acharnement, de jour et de nuit, dans la région au nord d'Arras. La résistance des Allemands est très grande et nous sommes obligés d'enlever chaque position à la baïonnette. La sucrerie de Souchez, dont nous nous sommes emparés dans la soirée du 31 mai, nous a été reprise dans la nuit mais au petit jour, nous l'avons reconquise, et, malgré les violentes contre-attaques allemandes, nous sommes restés maîtres de la position.

D'autres combats ont été livrés pendant la nuit du 31 mai au 1er juin, notamment à l'est du plateau de Notre-Dame-de-Lorette où nous nous sommes emparés d'un ouvrage allemand et à l'est de la route d'Aix-Noulette à Souchez où nous avons occupé un petit bois à la suite d'une brillante charge à la baïonnette. Tous ces combats ont été très meurtriers mais nos pertes sont loin d'être aussi élevées que celles de l'adversaire.

Au cours de la journée du 1er juin nous avons continué à progresser vers Souchez et au sud-est de Neuville-Saint-Vaast, dans l'ouvrage fortifié du Labyrinthe que nous enlevons peu à peu à l'ennemi.

Les communiqués d'aujourd'hui nous parlent aussi d'un combat qui a été livré dans les Vosges, à la Fontenelle, où nous avons repoussé une attaque allemande.

Les journaux parlent à nouveau et beaucoup d'un recul possible de la ligne allemande dans les Flandres. Ils donnent pour motifs de ce recul la crainte des Allemands d'être débordés à Lens et les progrès des alliés de la ligne de l'Yser à Arras. Au nord-est d'Ypres, le terrain perdu il y a un mois est presque reconquis et la ligne ennemie n'est plus protégée que par des redoutes construites à la hâte.

Quoiqu'il ne faille pas tenir un grand compte de semblables renseignements, il apparaît à tous que la situation de l'ennemi est loin de s'améliorer dans cette région.

F. B.

Nouvelles diverses publiées par les journaux

— On annonce de Londres que des zeppelins ont été signalés dans la nuit du 31 mai sur Ramsgate, Brentwood et sur certains faubourgs de Londres, 90 bombes incendiaires ont été jetées d'un appareil aérien et un certain nombre d'incendies ont été causés par l'éclatement des bombes. On ne signale jusqu'à présent que quatre personnes tuées et plusieurs autres blessées. La population de Londres est très surexcitée par ce nouveau raid des zeppelins et des boutiques allemandes ont été saccagées.

— Un avion allemand a essayé de survoler hier Epinal

mais il a été chassé à coups de canon. Un autre avion qui se dirigeait sur Gérardmer a été mis en fuite par un avion français.

— On apprend que le général Moussy, commandant la 33ᵉ brigade d'infanterie a été tué par un éclat d'obus, le 21 mai, à son poste de commandement.

— M. Millerand, ministre de la guerre, et M. Albert Thomas, sous-secrétaire d'Etat, sont allés sur le front des armées le 30 et 31 mai, ils étaient de retour à Paris le 31 mai au soir.

— On apprend d'Amsterdam que les Allemands font des expériences avec une mitrailleuse nouvelle qui lance des balles incendiaires. Rien qu'à Thielt, il en serait arrivé plus de six cents.

En Russie. — Les succès russes en Galicie se poursuivent et, autour de Przemysl, les attaques austro-allemandes sont contenues. On annonce qu'un conseil de guerre a été tenu sous la présidence de l'archiduc Frédéric, et auquel assistaient le ministre de la guerre von Krobatin, le chef d'état-major Comard von Hoetzendorf et le sous-chef d'état-major von Hoefer. On apprend de Pétrograd que le port d'Arkangel est momentanément fermé au trafic privé et réservé exclusivement aux transports du gouvernement russe.

En Turquie. — La situation est stationnaire depuis quelques jours dans la presqu'île de Gallipoli. Il se livre de violents combats pour la possession des hauteurs qui dominent Gallipoli. Les pertes turques sont toujours considérables.

Le transport des troupes turques pour les Dardanelles est interrompu, un sous-marin anglais croisant continuellement devant Constantinople.

Le consulat allemand à Caïpha a été détruit par le bombardement d'un croiseur français.

En Italie. — Les troupes italiennes continuent à s'empa-

rer des hauteurs qui entourent le Trentin et à progresser
vers Trente par la vallée de l'Adige.

La marche sur Goritz en Carniole se poursuit également.
Aucune grande bataille n'a encore été livrée.

Documents historiques, récits et anecdotes

UN EXPLOIT DU GÉNÉRAL MOUSSY. — Le général Moussy,
qui vient de tomber à l'ennemi, fut le héros d'un fait
d'armes lors de la seconde phase de la bataille d'Ypres, en
novembre dernier.

Le général Moussy, arrivé sur le terrain au moment critique, envoya à l'arrière chercher des renforts. Les cuirassiers battirent le pays en vain. Tous les hommes disponibles étaient sur le front engagés déjà. En désespoir de
cause, le général Moussy ordonna à un brigadier de son
escorte de lui ramener tous ceux qu'il trouverait. Le caporal
partit. Les cuisiniers qu'il trouva aux bivouacs, les hommes
de l'intendance, les coupeurs de bois, les porteurs d'eau,
etc., lui constituèrent un renfort de 250 hommes, mais
presque tous n'avaient pas d'armes. Il les conduisit au général. Les cuirassiers de l'escorte — 65 hommes — mirent
pied à terre et, casqués, cuirassés, se joignirent aux nouveaux arrivés pour charger à la baïonnette — la plupart
sans baïonnette. Ces trois cents hommes furent lancés sur
un régiment allemand enthousiasmé par le succès. Les
Allemands, pris de flanc, lâchèrent pied. Ypres était déga-
gée. La charge avait été conduite par le général Moussy et
le brigadier.

Dépêches officielles

Premier Communiqué

Dans la région au nord d'Arras, de violents combats ont
été livrés pendant la nuit.

A l'est de la route d'Aix-Noulette-Souchez, nous avons

pénétré dans un boqueteau où s'est engagée une lutte corps à corps dans laquelle nous avons eu l'avantage. Sur le plateau à l'est de Notre-Dame-de-Lorette, nous nous sommes emparés d'un ouvrage allemand. Un combat très violent s'est déroulé autour de la sucrerie de Souchez. Nous y avons fait une soixantaine de prisonniers.

Dans les Vosges, près de la Fontenelle (nord de Saint-Dié), au cours de la nuit du 30 au 31 mai, une attaque allemande, menée par deux compagnies, a été repoussée avec de lourdes pertes pour l'ennemi.

Deuxième Communiqué

Des actions très vives se sont déroulées dans le secteur au nord d'Arras et nous avons réalisé de nouveaux progrès.

Malgré plusieurs contre-attaques violentes, l'ennemi n'a pas pu nous déloger des tranchées conquises par nous dans les bois voisins de la route d'Aix-Noulette à Souchez; nous avons également maintenu nos gains au nord-est de la chapelle de Lorette.

Les combats violents dont la sucrerie de Souchez était le théâtre depuis deux jours se sont terminés à notre avantage: nous nous sommes emparés de la sucrerie, l'ennemi l'a reconquise dans la nuit, mais nous l'en avons chassé au petit jour et nous sommes restés maîtres de la position, malgré toutes les contre-attaques. Nous avons infligé de grosses pertes à nos adversaires.

Dans le « Labyrinthe » au sud-est de Neuville, nous continuons à enlever un à un les ouvrages allemands. Nous avons réalisé d'importants progrès dans la partie nord de ce système fortifié et fait 150 prisonniers. Tout le terrain conquis a été conservé.

Aux lisières du bois Le Prêtre, après un violent bombardement, l'ennemi nous a repris quelques éléments de tranchées conquises par nous avant-hier. Nous conservons tout le reste de nos gains.

2 JUIN 1915

Nouveau bombardement de Reims par les Allemands. — Les Anglais s'emparent du château Hooge près de Zonnebecke. — Bombardement de Lissa par les Italiens.

Situation des armées sur le front occidental

La bataille se continue sans interruption de la mer du Nord à Arras. Sur le front belge, c'est la lutte d'artillerie qui domine. Autour d'Ypres, la bataille se poursuit dans des conditions favorables aux alliés, notamment dans la direction de Thouront et de Menin, à la chaussée d'Ypres, à Steentraete et près de Zonnebecke où les troupes anglaises viennent d'enlever à la baïonnette le château d'Hooge. La reprise de Saint-Julien a permis aux Anglais de se rendre maîtres de Poelcapelle où, dernièrement, un dépôt de munitions allemands a fait explosion, tuant 100 hommes et en blessant 75 autres.

Dans le secteur au nord d'Arras, la lutte est toujours très vive. Dans la nuit du 1er au 2 juin nous avons à nouveau progressé dans le « Labyrinthe », au sud-est de Neuville-Saint-Vaast et dans cette dernière localité elle-même où nous avons conquis un groupe de maisons.

Nos progrès se sont continués pendant la journée du 1er juin, à la suite d'une violente contre-attaque allemande exécutée dans la matinée et que nous avons repoussée.

Dans cette région du « Labyrinthe », l'avance est lente, mais la résistance de l'ennemi est tellement forte et il est si formidablement retranché qu'il faut admirer la ténacité de nos troupes qui progressent un peu chaque jour et qui arriveront quand même à en chasser l'adversaire.

Les communiqués du 2 juin signalent deux actions locales, l'une aux lisières du bois Le Prêtre et l'autre à Beauséjour, en Champagne, où nous avons repoussé des attaques allemandes.

Les journaux suisses nous apprennent que depuis le 30 avril l'artillerie française bombarde sans interruption la ville d'Altkirch qui a dû être évacuée par la population civile. La partie basse de la ville est complètement détruite. Les positions allemandes en cet endroit ont été abandonnées. Les Allemands ont dû se retirer de leurs positions au bord du fleuve, car ils y ont été copieusement bombardés.

L'offensive française est particulièrement énergique dans la vallée de Munster, où les localités de Sondernach, Stossweier et Guensbach ont été évacuées. Ces violents bombardements présagent sans aucun doute une offensive énergique.

F. B.

Nouvelles diverses publiées par les journaux

— Le 1er juin, au matin, des aviateurs alliés ont bombardé les batteries allemandes de la côte belge, aux environs d'Ostende.

— Un avion allemand a survolé le 1er juin la vallée d'Hérimoncourt et la ville de Delle, il a été chassé par les batteries françaises. D'autres avions allemands ont également tenté de survoler Nancy et Epinal mais sans succès.

— Ce matin, 2 juin, vers 5 heures, un avion allemand a jeté deux bombes sur Remiremont. Il n'y a pas eu de dégâts matériels.

— Le paquebot anglais *Saidieh* a été torpillé le 1er juin, dans la mer du Nord, par un sous-marin allemand. Il venait d'Alexandrie et se rendait à Hull.

— Un garçon de 12 ans, Germain Suc, vient d'être remis à ses parents qui habitent Montpellier. Depuis sept mois il était dans les Vosges, avec un régiment du génie.

— On annonce de Montréal que deux canadiens, M. Huntly Drumont et M. James Carruthers, de Montréal, ont versé chacun 500.000 francs pour acheter des mitrailleuses.

En Russie. — Dans la région de Chavli (Courlande) les Russes remportent des succès et progressent sensiblement. En Galicie, depuis deux jours, un nouveau combat très acharné se livre entre la Vistule et Przemysl. Il est assez difficile d'en prévoir le résultat. Un échec des Russes entraînera l'abandon de la place de Przemysl.

On annonce que le général Privitz, commandant la place de Libau a été fait prisonnier par une patrouille russe alors qu'il parcourait la région en automobile. Plusieurs officiers ont été tués, d'autres blessés, le général Privitz est blessé à la tête.

En Turquie. — Des combats très violents se sont livrés le 1er juin entre les troupes alliées et les Turcs.

On apprend d'Athènes qu'un sous-marin allemand a été rencontré dans les eaux grecques par le vapeur grec *Anatolic.*

Un communiqué de l'amirauté britannique aux puissances fait connaître qu'à partir du 2 juin, le blocus des côtes d'Asie-Mineure compris entre les Dardanelles et le golfe de Samos est déclaré. En conséquence aucun navire neutre ne pourra entrer dans les ports à partir du 2 juin à midi.

En Italie. — Les troupes italiennes continuent à repousser les contre-attaques autrichiennes et à progresser vers Trente et vers Goritz.

La flotte italienne croise le long de l'archipel Dalmate, elle a détruit les nouvelles installations radiotélégraphiques de l'île de Lissa. Une dépêche de Vienne annonce qu'un navire étranger a heurté une mine et sombré en face de Trieste.

Documents historiques, récits et anecdotes

LES REPRÉSAILLES CONTRE LES PROCÉDÉS CRIMINELS ALLE-
MANDS. — Depuis longtemps, les autorités militaires françaises ont constaté les procédés abominables employés par
les troupes allemandes dans les combats contre les armées
de la République en violation de tous les engagements pris
solennellement par le gouvernement impérial allemand vis-
à-vis des autres puissances et au mépris de tous sentiments
d'humanité.

Le ministre des affaires étrangères a l'honneur de com-
muniquer le document ci-joint du quartier général allemand
de la 2e armée (note n° 32 en date de Saint-Quentin du
16 octobre 1914), contenant la recommandation des autorités allemandes d'employer le jet de liquides enflammés:

« Quartier général (note n° 32, Saint-Quentin, 16 octobre
1914): L'attaque projetée sur l'ennemi qui est en face de
nous sera, par suite de considérations spéciales, reprise
ultérieurement dans un délai rapproché. Il est par conséquent de grand intérêt que les connaissances acquises au
cours des combats rapprochés qui viennent de se dérouler
soient résumées et portées à la connaissance de toutes les
troupes, de sorte qu'à la reprise de l'attaque elles soient un
patrimoine commun de tous les officiers. En ce qui concerne l'attaque d'infanterie, les corps n'ont pas besoin de
nouvelles explications; mais en ce qui concerne l'emploi
des pionniers, il y a lieu d'attirer l'attention sur les points
suivants:

« 1. Pionniers, notions générales;

« 2. Attaques des positions fortifiées;

« 3. Moyens dont disposent les pionniers pour le combat
rapproché;

« 4. Projecteurs de flammes ou de liquides de fumigène;

« Des moyens seront mis à la disposition des corps d'armée suivant leurs besoins par le commandant en chef. Les
corps recevront en même temps le personnel instruit, absolument indispensable à la manœuvre de ces engins, qui

devra être renforcé, quand ils auront reçu l'instruction nécessaire, par des pionniers des compagnies de campagne choisis à cet effet. Les projecteurs de flammes sont employés par des pionniers spécialement dressés à cet effet. Ce sont des appareils semblables à un extincteur portatif d'incendie et qui projette un liquide s'enflammant immédiatement et spontanément. Les vagues de flammes ont une longueur et une largeur utile de 20 mètres. Elles ont un effet mortel immédiat, et elles repoussent l'ennemi à une grande distance par suite de leur développement de chaleur.

« Comme elles brûlent pendant une durée d'une minute et demie à deux minutes, et qu'on peut les interrompre à volonté, on recommande de ne donner que des jets de flammes isolés et courts, de manière à pouvoir combattre plusieurs objectifs avec une seule dose de remplissage.

« Les projecteurs de flammes seront employés principalement dans les combats de rues et de maisons, et seront tenus dans la position d'où part l'assaut, prêts à être employés.

« *Le chef d'escadron d'artillerie,*

« Signé: L. LINARD. »

Aucun gouvernement ne saurait, sans compromettre la sécurité de ses troupes, rester sans défense contre de semblables raffinements de barbarie. *En conséquence, le gouvernement de la République entend, en s'inspirant uniquement de ses besoins militaires, recourir à tous les moyens qui lui paraîtront propres à mettre les soldats et les autorités militaires allemands hors d'état de commettre leurs méfaits et leurs meurtres.*

Paris, le 29 avril 1915.

Dépêches officielles
Premier Communiqué

Dans le secteur au nord d'Arras, le combat a continué cette nuit.

Dans le « Labyrinthe » au sud-est de Neuville, nous avons enlevé plusieurs tranchées et fait de nouveaux prisonniers. Le nombre total des prisonniers faits depuis lundi soir sur ce point dépasse quatre cent cinquante.

A Neuville même nous avons conquis un groupe de maisons où nous nous sommes maintenus malgré plusieurs contre-attaques.

Dans les autres parties du secteur, notamment à Lorette, combats d'artillerie.

Sur le reste du front, rien à signaler, si ce n'est un bombardement deux fois répété de Reims et plus particulièrement de la cathédrale.

Deuxième Communiqué

En Belgique, les troupes britanniques ont enlevé à la baïonnette le château Hooge, près de Zonnebecke.

Au sud-est de Neuville-Saint-Vaast, les Allemands ont contre-attaqué dans le « labyrinthe ». Nous les avons repoussés et avons réalisé ensuite de nouveaux progrès en faisant des prisonniers.

Il est intéressant de noter qu'entre le 9 mai et le 1er juin, la division française qui a pris Carency, Ablain-Saint-Nazaire, le moulin Malon et la sucrerie de Souchez a fait 3.100 prisonniers, dont 64 officiers, enterré 2.600 cadavres allemands et perdu en blessés, tués ou disparus 3.200 hommes, dont les deux tiers sont des blessés légers.

En Champagne, les Allemands ont tenté une attaque de nuit près de Beauséjour; ils ont été aussitôt rejetés dans leurs tranchées.

Aux lisières du bois Le Prêtre, nous avons repoussé deux violentes attaques ennemies.

Le 28e fascicule paraîtra incessamment
Réclamer les fascicules précédents.

NIORT. — IMP. TH. MARTIN

TYPO-LITHO.
Gravure
Th.MARTIN
IMPRIMEUR
NIORT
(D.-S.)

www.ingramcontent.com/pod-product-compliance
Lightning Source LLC
LaVergne TN
LVHW021721080426
835510LV00010B/1087